Mein schlaues Bilderlexikon

Robert André · Anton Baumeister

Mein schlaues Bilderlexikon

gondolino

ISBN 978-3-8112-3373-7
1. Auflage 2015
© gondolino GmbH, Bindlach 2015
Umschlag- und Innenillustration: Robert André
Illustration Dinosaurier (S. 92/93): Lorenzo Orlandi
Text: Anton Baumeister
Printed in Poland

Alle Rechte vorbehalten:
Kein Teil dieses Werkes darf ohne schriftliche Einwilligung des Verlages in irgendeiner Form (Fotokopie, Mikrofilm oder ein anderes Verfahren) reproduziert oder unter Verwendung elektronischer Systeme verarbeitet, vervielfältigt oder verbreitet werden.

Der Umwelt zuliebe gedruckt auf chlorfrei gebleichtem Papier.

www.gondolino.de

Inhalt

Adler und andere Greifvögel 11
Affen 12

Ballone 14
Bären 16
Biber 17
Bäume 18
Baustelle 20
Berufe: Retter und Helfer 22
Brücken 24
Burg 26

Container und Schiffe 28

Dickhäuter 30

Eismeer 32
Eiszeitjäger 34
Entstehung des Lebens 36

Flugzeuge 38

Gletscher 40

Höhlen 42
Huftiere 44
Hunde 46

Igel 48
Insekten: Ameisen 49
Insekten: Geradflügler 50
Insekten: Bienen 51

Jahreszeiten 52

Kathedrale 54
Katzen 56
Komet 58

Landwirtschaft 60

Meerestiere 62
Meer: Wale 64
Meer: Korallenmeer 66
Meer: Muscheln und Schnecken 67
Mond 68

Nachthimmel und Sternbilder 69
Naturkräfte: Nordlicht 70
Naturkräfte: Vulkan 71

Panda und andere bedrohte Tiere 72
Pinguine 73
Planeten 74

Regenwald 76

Savanne 78
Stauwerk 80

Teich 82
Tsunami 84

Versteinerungen 86
Vögel: Singvögel 88
Vögel: Wasservögel 89
Vorzeit: Karbon 90
Vorzeit: Dinosaurier 92

Wald 94
Wasserkreislauf und Wolken 96
Wüste 98

Zugvögel 100

Adler und andere Greifvögel

Adler können ausgezeichnet sehen und fliegen und sind, nach den Geiern, die größten und stärksten Greifvögel. Deshalb werden sie auch die „Könige der Lüfte" genannt. Steinadler 1 und Weißkopfseeadler 2 bauen ihre großen Nester, die „Adlerhorste", möglichst unerreichbar im Hochgebirge, zum Beispiel in den Alpen, oder auf hohen Bäumen. Der Schwarze Milan 3, der Habicht 4, der Sperber 5 und die Bergdohle 6 gehören zu den Rabenvögeln. Falken, wie der Wanderfalke (7 : einer fliegend, einer spähend) und der Turmfalke 8, sind schnelle Flugjäger. Eulen, wie der Steinkauz 9 und der Uhu 10, sind ebenfalls Greifvögel. Sie gehen vor allem nachts auf Beutejagd. ➔ *Adler* ➔ *Greifvögel*

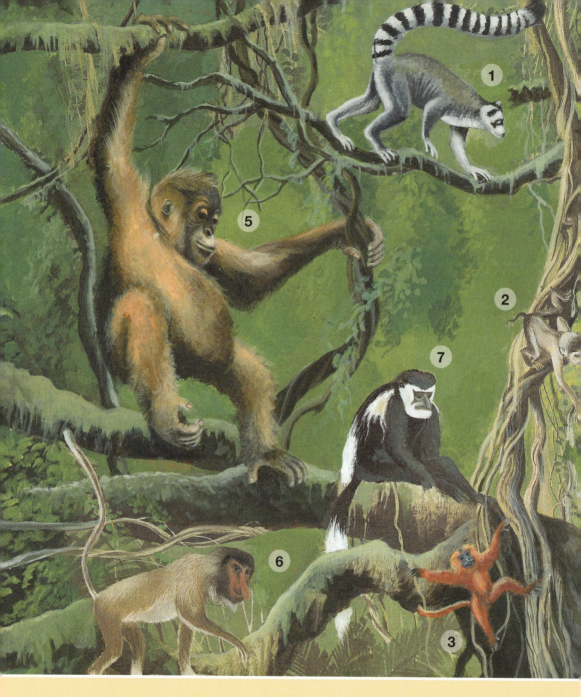

Affen

Affen sind sehr geschickte und intelligente Tiere, die uns Menschen von allen Tieren am ähnlichsten sind. Besonders die Menschenaffen haben einen ähnlichen Körperbau wie wir, sind sehr lernfähig und können deutlicher als andere Tiere zeigen, wie sie fühlen und dass sie fröhlich, ängstlich oder wütend sind. Obwohl das starke Gebiss der Affen manchmal gefährlich aussieht, ernähren sich die meisten von Pflanzen und Früchten, gelegentlich auch von Eiern, Insekten und jungen Vögeln. Die meisten Affen wohnen in Wäldern und auf Bäumen, nur wenige sind Felsenkletterer. Sie leben in den Urwäldern der warmen Länder auf der ganzen Welt in kleineren oder größeren Familien zusammen. Lemuren, wie der etwa katzengroße Katta 1 ,

leben nur auf der Insel Madagaskar in Afrika. Das junge Rhesusäffchen 2 , das sich bei den Zweigen darunter versteckt, kommt aus Indien und das kleine Löwenäffchen 3 darunter aus Brasilien. Der langarmige Gibbon 4 ist ein Weltmeister im Hangeln von Ast zu Ast. Sowohl der Gibbon als auch der Orang-Utan 5 sind Menschenaffen. Der Nasenaffe 6 bewohnt die dichten Regenwälder der indonesischen Inseln Sumatra und Borneo. Die Heimat der meisten Affen ist jedoch Afrika. Hier leben unter anderem der weißschwänzige Guereza 7 , die Grüne Meerkatze 8 , die großen Menschenaffen Schimpanse 9 und Gorilla 10 sowie der kleinere Mantelpavian 11 und der Mandrill 12 .
→ *Affen*

Ballone

Das Bild zeigt die wichtigsten Etappen der Ballonfahrt: Der erste bemannte Ballonflug gelang Pilâtre de Rozier und dem Marquis d'Arlandes am 21. November 1783, nachdem der Testflug (mit einem Hahn, einer Ente und einem Schaf) geglückt war. Nach den Erbauern, den Brüdern Montgolfier, ist dieser Ballon „Montgolfière" 1 benannt. Vincent Lunardi glückte der erste Ballonstart in England im Juni 2 und im September 1784 3 mit einem Heißluftballon. Der Aeronaut Eugen Godard stieg um 1850 mit fünf verbundenen Ballonen 4 in die Luft. Die Schweizer Forscher Piccard und Kipfer stiegen im Mai 1931 mit einem Höhenballon 5 auf eine Höhe von 16 940 Metern. Mit dem Stratosphären-Ballon „Explorer 2" 6 stiegen Stevens und Ander-

son bei Black Hills, South Dakota, am 11. November 1935 auf eine Höhe von über 22 000 Metern. Die erste Ballon-Überquerung des Atlantik gelang Larry Newmann, Ben Abruzzo und Maxie Anderson im August 1978 7. Der Stratosphären-Ballon „Breitling Orbiter 3" 8 war mit einem Sonnenpaneel (unten) ausgestattet. Bertrand Piccard und Brian Jones starteten damit am 1. März 1999 in Château d'Oex zum Nonstop-Ballonflug um die Erde. Am 21. März 1999 landeten sie in der ägyptischen Wüste. Heute steigen wir vor allem mit Heißluftballons 9 oder Gasballons 10 in die Lüfte. Und wer mag, kann natürlich auch einen Spielzeugballon aus Gummi 11 durch Heißluft zum Schweben bringen – und manchmal leider auch zum Davonfliegen.
➙ *Ballone*

Bären

Braunbären sind mächtige, große Säugetiere mit einem dichten, weichen Fell – dabei sind ihre meist zwei bis drei Jungen, wenn sie zur Welt kommen, fast nackt und oft nicht größer als Hundebabys. Das Weibchen kümmert sich in der Regel allein und sehr liebevoll um ihren Nachwuchs. Die Jungen bleiben etwa drei Jahre bei ihrer Mutter, bevor sie ihrer eigenen Wege gehen. Braunbären gibt es heute in Europa nur noch selten und in abgelegenen, waldreichen Gegenden. Auf ihren Streifzügen über Wald und Wiesen fressen sie dort vor allem Kräuter, Pilze, Früchte, Beeren und am allerliebsten den Honig wilder Bienen – aber auch Kleintiere, Vögel und Eier stehen auf ihrem Speiseplan. Daher nennt man sie Allesfresser. ➜ *Bären*

Biber

Biber leben am Wasser und unter Wasser. An Land bewegen sie sich schwerfällig, doch bei ihrer Arbeit als Holzfäller sind sie sehr geschickt. Mit ihren scharfen Zähnen können sie sehr dicke Bäume umlegen, und zwar genau dorthin, wo sie dann das Holz am besten wegschleppen können: zu ihrer „Burg". Sie besteht aus einem einzigen Raum, der über dem Wasserspiegel liegt. Ein enger Luftschacht führt nach oben, der Zugang zur Höhle liegt aber unter dem Wasserspiegel. Damit das auch ständig so bleibt, errichten die Biber weiter unten am Fluss einen Damm aus Stämmen, Ästen, Sträuchern und Schlamm, der bis zu vier Meter hoch und mehrere Hundert Meter lang sein kann.
➤ *Biber*

Bäume

Bäume gibt es in vielen unterschiedlichen Arten und Größen auf der ganzen Welt. Die Rosskastanie 1 hat eine große Baumkrone mit fächerförmigen Blättern, im Herbst sammeln wir ihre glänzenden, glatten Früchte. Die Libanon-Zeder 2 wächst groß und ausladend mit nadelspitzen, immergrünen Blättern am Mittelmeer. Die riesigen Mammutbäume 3 wachsen in Kalifornien und Oregon in den USA. Einer von ihnen soll 2 700 Jahre alt sein. Zypressen 4 wachsen schnell, sind unempfindlich gegen Luftverschmutzung und deshalb als Straßen- und Gartenbäume sehr beliebt. Bonsais 5 sind japanische Zwergbäume. Sie werden nur etwa 15 bis 80 Zentimeter groß und eigens gezogen (wie hier im Gewächshaus).

Dieses Bild zeigt verschiedene Laub- und Nadelbäume unserer Heimat mit Blättern und Früchten. In der ersten Reihe sehen wir Nadelbäume. Man kann sie leicht anhand ihrer unterschiedlichen Zapfenformen unterscheiden. Von links nach rechts:
Weißtanne – Fichte – Kiefer – Lärche.
In der zweiten bis vierten Reihe sehen wir verschiedene Laubbäume. Man kann sie am einfachsten anhand der verschiedenen Blattformen und Früchte unterscheiden.
Zweite Reihe: Eiche – Rosskastanie – Edelkastanie – Buche.
Dritte Reihe: Linde – Ahorn – Haselnuss – Walnuss.
Vierte Reihe: Ulme – Birke – Weide – Pappel.
➙ *Bäume*

Baustelle

Früher war es schwere Arbeit, Bauwerke zu errichten, feste Wege und Straßen zu pflastern oder Tunnel durch Berge zu graben – heute gibt es dafür Maschinen. Im modernen Straßenbau werden Straßen mit möglichst sanften Kurven und Steigungen angelegt. Bei dieser Arbeit werden verschiedene Maschinen eingesetzt: Der Hochlöffelbagger ❶ und der Löffelbagger ❷ heben die Baugrube aus und graben Löcher ins Erdreich. Erde und Bauschutt werden vom Kipplaster ❸ und vom Lastwagen ❹ weitertransportiert und an anderer Stelle wieder ausgeschüttet. Ein Schürfkübelwagen ❺ löst das Erdreich und planiert den Boden. Jetzt ist alles vorbereitet, um den Straßenbelag aus Asphalt aufzubringen.

Baustellen gibt es auch unter der Erde. Seit einigen Jahren nimmt die Zahl der unterirdischen Verkehrswege stark zu. Durch diese Tunnel fahren U-Bahnen, Züge und Autos bis zu mehrere Kilometer lang – der Eurotunnel zwischen Frankreich und England führt sogar fast 50 Kilometer unter dem Meer hindurch. Der große Vorteil an unterirdischen Tunneln ist, dass man dabei viel weniger in die oberirdische Landschaft eingreifen muss und der Verkehrslärm verschwindet. Das Bild zeigt die Arbeit an einem solchen Tunnelbau. Der Bauarbeiter vorn im Bild misst und kontrolliert gerade die Höhe und Richtung des Tunnels. Von der Hebebühne aus werden die Wände durch Sandstrahler geglättet, während der Bagger den Bauschutt wegschafft.

Berufe: Retter und Helfer

Manche Berufe sind besonders wichtig, damit andere Menschen bei Gefahr oder in Notfällen schnelle Hilfe erhalten. Diese Retter und Helfer arbeiten oft in Organisationen wie der Feuerwehr, dem Roten Kreuz oder dem Technischen Hilfswerk (THW). Manchmal müssen sie auch bereit sein, ihr eigenes Leben zur Rettung anderer einzusetzen. Im Bild sehen wir einige typische Rettungseinsätze. Oben: Nach einem Verkehrsunfall auf schneeglatter Straße wird das Fahrzeug geborgen. Mitte: Nach einem schweren Erdbeben finden Such- und Räumarbeiten in den Trümmern statt. Unten: Hier hat es eine Überschwemmung gegeben. Die Retter kommen in einem Schlauchboot den Menschen zu Hilfe.

Wir lesen und hören jeden Tag von den Gefahren, die von einem großen Feuer ausgehen können. Wenn ein Haus in Brand gerät, besteht für viele Menschen höchste Lebensgefahr. Die Feuerwehr ist darauf vorbereitet: Sie bekämpft die Brände mit Löschmannschaften und Einsatzfahrzeugen und bringt starke Wasserpumpen und gewaltige Drehleitern zum Einsatz, um auch Menschen in den oberen Stockwerken zu retten. Diese Rettungskräfte werden für ihren Einsatz speziell ausgebildet und benutzen besondere Geräte und Fahrzeuge. In Schutzkleidung und mit Atemschutzmasken dringen die Männer in das Haus ein, um Überlebende zu suchen und zu bergen. Außerdem sorgen sie dafür, dass das Feuer nicht auf weitere Häuser übergreift. ➙ *Feuerwehr*

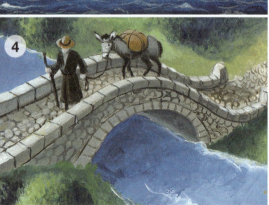

Brücken

Die einfachste Brücke ist ein Baumstamm, von Ufer zu Ufer über einen Bach gelegt. Vermutlich haben nach diesem Vorbild die Menschen vor Tausenden von Jahren damit begonnen, natürliche Hindernisse wie Gewässer, Täler oder Schluchten zu überbrücken. Heute bringen Brücken über Straßen alle möglichen Fahrzeuge, aber auch Kabel, Kanäle oder bestimmte Leitungen über diese Hindernisse hinweg. Früher errichtete man Brücken aus Holz oder Stein, heute verwendet man vor allem Beton, Stahl oder Stahlbeton. Die berühmteste Hängebrücke der Welt ist die Golden Gate Bridge ① bei San Francisco. Sie wurde 1937 in Betrieb genommen, ist 2,7 Kilometer lang und wird täglich von mehr als 100 000 Fahrzeugen genutzt. In

Sidney, Australien, führt eine lange, hohe Hafenbrücke, die Harbour Bridge 2 , über das Wasser. Links vorn im Bild ist das moderne Opernhaus zu sehen. Castle Arch 3 ist eine durch Wind und Wetter entstandene Naturbrücke in Utah, USA. Eine traditionelle, gemauerte Bogenbrücke 4 . Die überbaute Rialto-Brücke 5 in Venedig aus dem 16. Jahrhundert. In der Schweiz steht das Landwasserviadukt 6 , eine hoch gemauerte Bogenbrücke für den Zugverkehr. Die Autobahnbrücke bei Innsbruck wird auch „Europa-Brücke" 7 genannt. Sie ist die höchste Balkenbrücke Europas. Der „Pont du Gard" 8 ist eine mehrstöckige alte Römerbrücke für Wasserleitungen in Südfrankreich. Eine moderne Schrägseilbrücke 9 für den Autoverkehr. ➔ *Brücken*

Burg

Die Ritterburg des Mittelalters war fast so etwas wie eine kleine Stadt. Abgetrennt hinter Mauern und Wassergräben wurde sie meistens an einem schwer zugänglichen Ort gebaut: von Wasser umgeben oder auf einem felsigen Berg. Der Bergfried, ein hoher und meist nicht bewohnter Turm, stand in der Mitte. Bei einem Angriff war er die letzte Zuflucht der eingeschlossenen Bewohner. Im Herrenhaus befanden sich der Rittersaal (Palas) des Burgherrn sowie verschiedene Wohn- und Schlafräume. Außerdem gab es auf dem Gelände einen tiefen Wasserbrunnen sowie eine Kapelle, Ställe, Lagerräume und die Arbeitsplätze verschiedener Handwerker wie Schlosser, Schmied, Maurer, Metzger oder Bäcker.

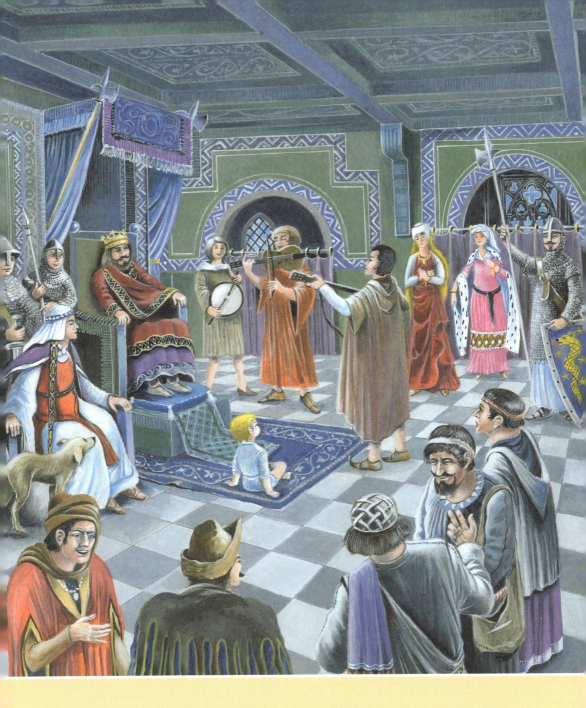

Als Wohngebäude einer Burg im Mittelalter stand der Palas im Mittelpunkt: das große Herrenhaus mit dem Rittersaal. Hier konnte man schön und bequem zusammen sein. Die sauberen Böden aus blanken Steinen waren mit weichen Teppichen bedeckt, es gab Nischen und Wandbehänge an den Seiten, verzierte Wände und Decken und prächtige Sitzgelegenheiten. Manchmal trafen fahrende Sänger, die Minnesänger, auf der Burg ein, spielten Musik und erzählten Neuigkeiten. Dann versammelte sich die Burgfamilie um den Burgherrn. Auch andere Ritter, begleitet von ihren Bediensteten und Knappen, dazu die Burgfrauen und Burgfräulein, Kinder und Hunde waren dann eingeladen. Der Burgherr saß aber immer eine Stufe höher als die übrigen Gäste. ➤ *Burg*

Container und Schiffe

Weltweit werden die meisten Waren und Güter mit dem Schiff von einem Land zum anderen gebracht. Eines der wichtigsten Transportmittel ist das Containerschiff ❶. Die Waren werden dort in riesigen Behältern aus Stahl, sogenannten Containern, transportiert, die alle gleich groß sind. Dadurch können sie leicht und schnell auf- und nebeneinandergestapelt werden. Der Öltanker ❷ bringt gewaltige Mengen von Rohöl dorthin, wo es verarbeitet wird. Dieses riesige Schiff ragt über dem Meeresspiegel so hoch wie ein Haus mit 15 Stockwerken und auf seinem Deck hätten mindestens drei Fußballfelder Platz.
Ein Luxuskreuzfahrtschiff ❸ hingegen ist eher wie ein schwimmendes Hotel auf dem Meer.

Die Gäste bewohnen ihre Kabinen, essen und trinken dort im Restaurant, schwimmen mitten im Meer im schiffseigenen Schwimmbad, gehen einkaufen, träumen im Liegestuhl oder gehen am Abend tanzen – alles auf einem Schiff!
Schnellboote 4 werden vor allem als kleinere Kriegsschiffe eingesetzt, Segelschiffe 5 und Tragflügelboote 6 für den Personentransport oder als Freizeitspaß. Die einfachen Fischerboote 7 werden heute zunehmend durch große Fangschiffe ersetzt, die mit riesigen Treib- und Schleppnetzen ausgerüstet sind, die sie hinter sich herziehen. Der Eisbrecher 8 öffnet Wasserstraßen im Eismeer. Ein Hochseeschlepper 9 kann, so klein er auch aussieht, sogar viel größere Schiffe durchs Meer ziehen. ➤ *Container und Schiffe*

Dickhäuter

Dickhäuter ist eine umgangssprachliche Bezeichnung für Elefanten, Nilpferde und Nashörner. Sie ist leicht zu verstehen, wenn man die Tiere auf dem Bild oder im Zoo genauer anschaut. Elefanten sind große und massige, dabei geschickte und gelehrige Rüsseltiere. Der Rüssel ist bei ihnen sozusagen Nase und Oberlippe in einem. Er kann mehr als zwei Meter lang werden und ist äußerst beweglich und feinfühlig. Mit ihm tastet und greift ein Elefant wie mit einer Hand oder holt sich Pflanzen als Nahrung heran. Im Bild ist vorne der afrikanische Steppenelefant zu sehen. Im Hintergrund grast eine Elefantenherde, die von einem erfahrenen Leittier geführt wird. Ein Tierfilmer beobachtet die Tiere. → *Elefanten*

Nilpferde leben in den Flüssen und Seen Afrikas südlich der Saharawüste. Nach den Elefanten sind sie die schwersten landbewohnenden Säugetiere. Obwohl Flusspferde an das Leben im Wasser gut angepasst sind, können sie nicht besonders gut schwimmen. Meistens laufen sie auf dem Grund des Gewässers entlang oder lassen sich vom Wasser tragen. ➤ *Nilpferde*

Nashörner tragen auf ihrem Nasenrücken ein großes, scharfes Horn, manchmal sogar zwei. Die Hörner werden andauernd abgewetzt und wachsen schnell wieder nach. Das größte Nashorn ist das in Afrika lebende Breitmaulnashorn. Andere leben heute noch in tropischen Ländern, und zwar in Sumpfgebieten mit schlammigen Ufern und feuchten Weideplätzen. ➤ *Nashörner*

Eismeer

Das nördliche Eismeer liegt rings um den Nordpol zwischen den Küsten von Europa, Asien und Nordamerika. Hier, an den einsamen, eisig kalten Küsten der Arktis, lebt der Eisbär. Er jagt vor allem Fische und Robben. Weil er so groß und stark ist, hat er keine natürlichen Feinde. Die weiße Farbe seines Fells macht ihn außerdem in der Eislandschaft fast unsichtbar für seine Beute. Manchmal halten sich Eisbären sogar die Pfote vor die dunkle Nase, damit man sie nicht sieht. Doch weil die Erde aufgrund des Klimawandels in den letzten Jahrzehnten immer wärmer wird, schmilzt das Eis in den Polargebieten. Damit wird der Raum, auf dem Eisbären leben und Beute jagen können, jeden Tag kleiner. ➙ *Eisbären*

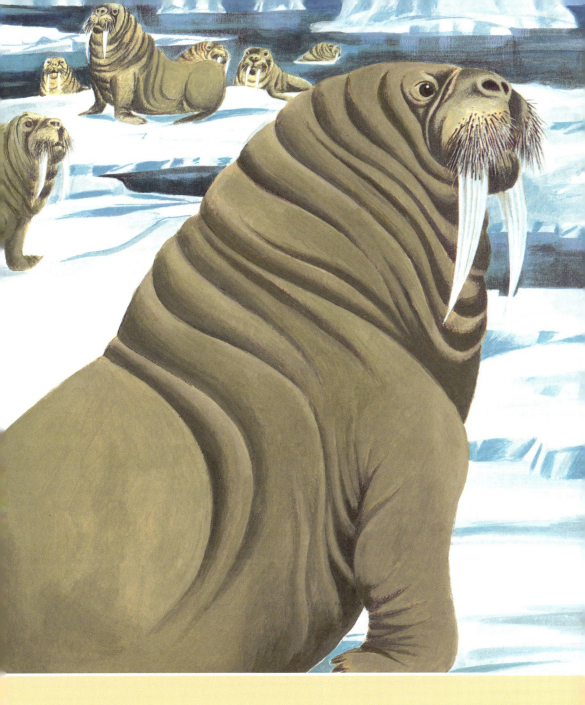

Das Walross ist nach dem Seeelefanten das zweitgrößte Wasserraubtier. Der Eisbär wäre das einzige Tier, das einem Walross gefährlich werden könnte, doch bei einem Angriff sind seine scharfen, 70 Zentimeter langen Zähne gefährliche, wirkungsvolle Waffen, die es zur Verteidigung einsetzt. Außerdem kann das Walross damit im Winter Löcher ins Eis hacken, um nach Nahrung zu tauchen und sich beim Hinausklettern damit festzuhalten. Wegen dieser Zähne werden Walrosse jedoch vom Menschen gejagt. Sie sind aus Elfenbein und deshalb wertvoll. Aber es gibt zum Glück noch geschützte Sammelplätze wie Round Island bei Alaska: Hier tummeln sich eng beieinander viele Tausend Tiere an Land und im Wasser. ➤ *Walrosse*

Eiszeitjäger

Dieses Bild zeigt eine Großfamilie von Eiszeitjägern vor 10 000 Jahren auf ihrem Sommerplatz in der Steppe. Die Berge im Hintergrund sind mit ewigem Schnee und Eis bedeckt. Die Eiszeitjäger dieser Zeit sind den Menschen von heute schon sehr ähnlich: nicht mehr klein, breitschultrig und gedrungen wie die Neandertaler, sondern hochgewachsen und langbeinig. Die Männer sind gerade von der Jagd zurückgekommen. Das Fleisch der erbeuteten Tiere ist ihre wichtigste und fast die einzige Nahrung für die kommende Winterzeit, denn Äcker für Pflanzen oder zahme Weidetiere kannten die Menschen damals noch nicht – sie erlegten nur, was sie im Sommer (häufiger) und im Winter (seltener) jagen konnten.

Nun sind sie dabei, das erlegte Rentier zu verarbeiten. Alles muss zum Überleben genutzt werden: das Fleisch zum Essen, die Knochen für die Herstellung spitzer Nadeln, scharfer Waffen und als Zeltgestänge und natürlich das Fell als Schutz gegen Wasser und Wind für die Zelte und Menschen. Bei der warmen Fellkleidung, die die Menschen jetzt im Sommer tragen, kann man sich leicht vorstellen, wie kalt der künftige Winter sein wird. Dann allerdings ist die Familie schon lange weitergezogen, und zwar in die Berge: Dort lebt sie in einer geräumigen und geschützten Höhle, in der sie die Kälte übersteht. In der Nähe von Bern ist auf dem Moosbühl bei Moosseedorf ein solches Sommerlager aus der Steinzeit ausgegraben worden. ➜ *Eiszeit*

Entstehung des Lebens

Die Entstehung Weltalls, der Erde und damit des Lebens begann vor Milliarden von Jahren. Am Anfang gab es nur eine riesige Gaswolke. Diese Wolke verdichtete sich zu einem festen Feuerball, explodierte und dabei entstanden unzählige Sonnensysteme – darunter auch unseres 1 mit der Sonne 2 als Mittelpunkt unseres Planetensystems, mit unserer Erde 3, dem Mond 4 und vielen anderen Planeten. Der Vulkan 5 in der Bildmitte erinnert an die Entstehungszeit der Erde. Daneben stehen Bäume aus der Steinkohlezeit: Baumfarne 6, Schuppenbäume 7, Riesenschachtelhalme 8 und Cordaitenbäume 9. Darunter zwei Saurier: Ticinosaurus 10 und Megalosaurus 11, außerdem Pteranodon 12, ein Flugsaurier, unter ihm Archaeopteryx

13, der Vorfahr unserer heute lebenden Vögel wie Möwe 14, Flugente 15, Meise 16 und Kolibri 17. Seit etwa 200 000 Jahren gibt es die ersten Menschen, hier dargestellt durch zwei Steinzeitjäger 18. Selbst heute, Millionen Jahre später, findet man noch Stücke aus der Erdgeschichte, die von Paläontologen 19 gesammelt und untersucht werden. Die Versteinerungen zeigen einen Seeigel 20, eine Greifmuschel 21, einen Ammoniten 22 neben der Versteinerung eines Meerestieres, einen Haifischzahn 23, Rynchonellen 24 als Muschel und in der Versteinerung und die Überreste eines Belemniten 25. Außerdem aus der Steinzeit: Pfeilspitze aus Knochen 26, Silexspitze 27, Faustkeil 28.
➙ Erde ➙ Mond

Flugzeuge

Otto Lilienthal startete im Jahr 1890 seinen ersten Fluggleiter 1 . Als Erfinder des ersten Flugzeugs gelten jedoch die amerikanischen Brüder Orvil und Wilbur Wright mit ihrem Doppeldecker „Kitty Hawk" 2 . Seitdem ging die Entwicklung rasend schnell: 1913 wurde der Blériot XI 3 entwickelt, 1929 das Wasserflugzeug DO X 4 und dann das Segelflugzeug 5 . 1927 unternahm Charles Lindbergh mit der „Spirit of Saint Louis" 6 einen Alleinflug über den Atlantik. Es folgten unter anderem die Propellermaschine DC 3 7 , das Wasserflugzeug Macchi M 52 8 , die Fokker 9 mit Kufen, mit dem auch ein Starten und Landen im Schnee möglich war, der Airbus 310-300 10 , das Geschäftsreisen-Flugzeug Learjet 11 , das Passagier-Düsenflugzeug

Boeing 787 **13** und die Boeing 747 **14**. Für das Jahr 2030 ist ein energiesparender „Flüsterjet" für 250 Passagiere geplant. Hier sieht man den Prototypen SA 1 **12**.
Das untere Bild links zeigt einen Flughafen mit Start- und Landebahnen. In der Mitte befinden sich das Abfertigungsgebäude, der Kontrollturm der Fluglotsen und davor an den Rampen die angedockten Passagierflugzeuge. Im Hintergrund hebt eine Maschine gerade ab, während eine andere gelandet ist und zu den Flugsteigen rollt. Auf dem Bild rechts unten ist das Großraum-Transportflugzeug Antonov mit 6-Motoren-Antrieb zu sehen: Eine solche Maschine kann sogar einen modernen Hochgeschwindigkeitszug in ihrem Bauch transportieren.
➙ *Flugzeuge*

Gletscher

Gletscher sind Eisströme und Eisgebiete, auf die fast während des gesamten Jahres Schnee fällt, der aber wegen der anhaltenden Kälte liegen bleibt – anders als bei uns im Frühling. Diese Gebiete gibt es rings um den Nordpol und den Südpol, aber auch im Hochgebirge, etwa in den Alpen in Höhen von mehr als 2 500 Metern. Mit der Zeit bildete sich in diesen Gebieten unter der festen Schneedecke eine dicke Eisschicht, der Gletscher. In Grönland wurden Gletscher gemessen, die 3 000 Meter dick sind. Von der Höhe der Gebirge schob sich in Zehntausenden von Jahren dieser mächtige glatte, zusammengepresste Strom aus Eis langsam, aber unaufhaltsam abwärts. So entstanden Gletscherzungen, die Erde und Geröll mit sich

führten und am Ende eine Moräne bildeten. Eine solche Moräne aus Eis, Schnee und Geröll ist auch auf diesem Bild zu sehen. An Nord- und Südpol schmilzt das Eis nicht, aber trotzdem gleiten auch hier die Gletscherzungen abwärts, weil sie so glatt sind. Schließlich brechen sie an der Meeresküste ab, stürzen ins Wasser und bilden schwimmende Eisberge oder kleine und große Schollen. Von Eisbergen ist meist nur ein Fünftel über Wasser zu sehen, der viel größere Teil liegt unter Wasser. Eisberge sind daher für Schiffe sehr gefährlich.
Aufgrund der weltweiten Klimaerwärmung schmelzen und verschwinden seit einigen Jahren die Gletscher – nicht nur im Hochgebirge, sondern auch an Nord- und Südpol.
➤ *Natur in Gefahr*

Höhlen

Der Erdboden unter unseren Füßen ist nicht fest gefügt: Da gibt es natürliche Wasserwege, es gibt Risse und locker gefüllte Spalten – und es gibt riesige Höhlen. In manchen Gebieten der Welt gibt es scheinbar unendliche unterirdische Höhlen, die mit Gas gefüllt sind, in anderen Gegenden (zum Beispiel bei der Mittelmeerinsel Mallorca) gibt es tief unter dem Meeresboden gewaltige Seen mit großen Mengen Süßwasser, das hier seit unvorstellbar langer Zeit eingekapselt ist. Viele Höhlen darf man in Führungen besichtigen. In unserer Heimat findet man Höhlen vor allem in den Bergen. Manche sind zwar nicht groß, aber bekannte Ausflugsziele, doch die meisten sind weder bekannt noch erforscht. In vielen dieser Höhlen sind Naturforscher

tätig, um die Geschichte der Erde zu erkunden. Das Bild zeigt eine Gruppe dieser Wissenschaftler, die das unterirdische Höhlensystem einer Tropfsteinhöhle erforschen. Von oben wachsen hier Stalaktiten als Zapfen, von unten her Stalagmiten als Säulen. Sie entstehen durch Kalkwasser, das von Wänden und Decken tropft und sich in vielen Formen ablagert. Die Wissenschaftler haben ihr Lager in dieser Höhle an einem See aufgeschlagen. Dort können sie sich bei einem kleinen Zelt Essen und Getränke zubereiten. Mit Schlauchboot und Paddel bewegen sie sich im langsam fließenden Wasser, ihre Helme tragen hell leuchtende Lampen. Der Taucher ist mit einer Sauerstoffflasche und Atemschläuchen ausgerüstet.
→ *Höhlen*

Huftiere

Das Bild zeigt verschiedene Rinder, Ziegen und andere Huftiere aus aller Welt. Das Gnu 1 ist eine Antilope aus Afrika: Es sieht aus wie ein Pferd mit gespaltenen Hufen und einem Stierkopf. Der Kaffernbüffel 2 war ursprünglich in Afrika südlich der Sahara weit verbreitet. Er lebt heute nur noch in Schutzgebieten. Die ostafrikanische Beisa-Antilope 3 hat ein fast gerades, spitzes Gehörn und eine schwarzweiße Kopfzeichnung. Das Impala 4 ist eine Schwarzfersenantilope mit einem Leiergehörn. Es wird so genannt, weil es wie eine Leier (das ist eine Art Harfe) geformt ist. Der Kudu 5 ist eine sogenannte Drehhornantilope: Er hat zwei schraubenförmig gewundene Hörner. Das Zebra 6 gehört zu den Pferden. Es lässt sich ganz leicht an

seinem typischen Schwarz-Weiß-Streifenmuster erkennen. Moschusochsen 7 leben im Norden von Europa und in Amerika. Sie können sogar in extrem kalten Gebieten überleben. Oben auf dem Felsen ist ein Steinbock 8 zu sehen, daneben steht eine Gämse 9, die ebenfalls ein geschickter Kletterer ist. Darunter kämpfen zwei Dickhornschafe 10 mit ihren kräftigen Hörnern gegeneinander. Die Hausziege 11 hat ein weißes, oft auch dunkles Fell und hohle, gebogene, deutlich kleinere Hörner. Der Bison 12, hier mit Jungtier zu sehen, ist das größte Landtier in Nordamerika. In einiger Entfernung grast die Bisonherde 13. Früher war er sehr verbreitet. Durch die ersten Einwanderer aus Europa wurde er nahezu ausgerottet.

→ *Rinder*

Hunde

Hunde sind die ältesten Haustiere des Menschen. Schon vor 12 000 Jahren lebten und arbeiteten sie mit den Jägern und Hirten zusammen. Ihr Geruchssinn ist sehr vielseitig und genau. So können sie einen Menschen an seinem Geruch bereits aus einer Entfernung von zwei Kilometern erkennen. Auch wenn seine Spur zwei Tage alt ist, findet die Hundenase den riechbaren Rest und zeigt den Weg. Solche Fähigkeiten nutzt der Mensch, indem er Spürhunde ausbildet, die bei der Suche nach Rauschgift 1 helfen, bei Lawinenunglücken in den Bergen 2 , bei der Suche nach Spuren 3 und auf Verbrecherjagd 4 . Hunde helfen auch Blinden und behinderten Menschen 5 oder als ausdauernde Schlittenhunde (Huskys) im Schnee 6 .

Mit den Hunden sind die hundeartigen Landraubtiere verwandt. Beim tasmanischen Beutelwolf 7 wachsen die Jungen am Bauch der Mutter in einem Beutel heran – ähnlich wie beim Känguru. Der Fuchs 8 ist in Europa, Asien, Nordamerika und Nordafrika verbreitet. Der Kojote 9, auch Präriewolf genannt, kommt zwischen Alaska und Mittelamerika vor. Der Eisfuchs 10 lebt in den Gebieten rings um den Nordpol. Der Dingo 11, auch Australischer Windhund genannt, war früher weit verbreitet, heute ist er selten geworden. Die Hyäne 12 ist ungefähr so groß wie ein Schäferhund. Sie geht meistens am Tag auf die Jagd. Der Wolf 13 ist der bekannteste wilde Hund. Er ist nahezu weltweit verbreitet, in Mitteleuropa heute aber fast verschwunden. → *Hunde*

Igel

Der Igel ist auf der Suche nach Beute und Nahrung meistens nachts unterwegs: Er frisst Würmer, große und kleine Käfer, Schnecken und manchmal, wenn er Glück hat, erwischt er eine junge Maus. Außerdem mag er Pilze, Beeren und herabgefallenes Obst und sogar Giftschlangen wie die Kreuzotter, denn ihr Gift schadet ihm nicht. Tagsüber und während seines Winterschlafs versteckt er sich in einem weichem Nest aus Moos und Laub unter Wurzeln und Sträuchern. Mit seinem Fell aus Tausenden von spitzen Stacheln hält sich der Igel seine Feinde vom Leib: Wenn er sich zusammenrollt und das Stachelfell wie eine Mütze über seinen Körper zieht, schützt er sich nach allen Seiten. ➤ *Igel*

Insekten: Ameisen

Rote Waldameisen errichten auf dem Waldboden oft erstaunlich große Bauten. In den unterirdischen Gängen sind die Arbeiterinnen unablässig mit der Pflege von Eiern, versponnenen Puppen und Larven beschäftigt – und die große Königin nur mit Eierlegen. Im oberen Bildteil sehen wir, stark vergrößert, auf einem dürren Zweig zwei Ameisen bei der Fütterung: Die linke Ameise gibt der anderen Arbeiterin gerade ein kleines Korn, während aus der Speicheldrüse kleine Tropfen austreten, die die Nahrung weich, oft sogar flüssig machen. Im Verhältnis zu ihrer Größe und ihrem Gewicht sind Ameisen sehr stark. Unten links schafft eine (vergrößerte) Ameise gerade eine Fichtennadel heran.
➤ *Insekten* ➤ *Ameisen*

Insekten: Geradflügler

Grillen, Heuschrecken und Schaben sind Geradflügler: Beim Fliegen bewegen sie nur ihre Hinterflügel, die vorderen werden gerade weggestreckt. Die Gottesanbeterin 1 hat gerade ihr Opfer gepackt: eine Fliege, die sie aus der Luft gefangen hat. Links daneben im Gras versteckt sich eine Stabheuschrecke 2. Am bekanntesten sind wohl die Feldheuschrecke 3 und der Ohrwurm 4. Sie sind hier jeweils einmal fliegend und darunter auf dem Boden zu sehen. Die Küchenschabe oder Kakerlake 5 sonnt sich gerne auf den warmen Plätzen zwischen Steinen. Die Feldgrille 6 und die Maulwurfsgrille 7 leben in Erdhöhlen und schaufeln sich dort unterirdische Gänge. → *Grillen und andere Geradflügler* → *Insekten*

Insekten: Bienen

Bienen liefern uns nicht nur süßen Honig, sondern befruchten auch Pflanzenblüten, aus denen dann Früchte wachsen. Unzählige Arbeitsbienen fliegen jeden Tag aus dem Bienenhaus hinaus, um an den Blüten Nektar zu saugen. Dabei bringen sie mit ihren „Höschen" aus Blütenstaub Pollen von Blüte zu Blüte, die an der klebrigen Narbe des Griffels (in der Blüte) hängen bleiben: So wird die Blüte bestäubt und kann sich zur Frucht entwickeln. Wenn ein Apfel reif geworden ist und vom Baum fällt, gelangen seine Kerne in den fruchtbaren Boden. Aus einem von ihnen wächst dann ein Pflänzchen, ein kleiner Baum und zuletzt ein großer – und an ihm wachsen mithilfe der Bienen aus Blüten neue Früchte.
→ *Bienen* → *Insekten*

Jahreszeiten

Das Bild erzählt vom Wandel der Natur im Verlauf von Frühling, Sommer, Herbst und Winter. Wir erkennen die Veränderungen am Wetter, an den Tieren und an den Pflanzen auf der Wiese.
Im Frühling beginnen die meisten Pflanzen zu blühen. Auf den Wiesen schwirren die Schmetterlinge Apollofalter 1 und Admiral 2 , es blühen Wiesensalbei 3 , Maßliebchen 4 , Löwenzahn 5 , Schlüsselblume 6 und Wiesenschaumkraut 7 . Im Sommer sehen wir die Schmetterlinge Tagpfauenauge 8 und Schwalbenschwanz 9 auf den Wiesen – neben den Faltern ist die Hummel 10 fast wie versteckt. Es blühen Spitzwegerich 11 , Rotklee 12 , Margerite 13 , Kornblume 14 , Klatschmohn 15 und Kornrade 16 .

Im Spätsommer und Herbst ist Erntezeit für viele Früchte, zum Beispiel für Äpfel oder Pflaumen. Auf den Wiesen fliegen Bläuling 17, Kohlweißling 18 und Kaisermantel 19. Ebenso wie im Frühling und Sommer wachsen zahlreiche Pflanzen und Blumen wie Knöterich 20, Glockenblume 21, Vergissmeinnicht 22, Klatschnelke 23, Storchschnabel 24 und Flockenblume 25.

Im Winter haben die Laubbäume ihre Blätter abgeworfen, Schnee und Eis bedecken das Land. Der See ist zugefroren und lädt ein zum Schlittschuhlaufen. Auf den Schneewiesen können Kinder Ski laufen, Schlitten fahren oder Schneemänner bauen. Doch das Klima in unserer Heimat ändert sich: Es wird wärmer, der Schnee wird immer weniger.
➜ *Jahreszeiten*

Kathedrale

Kathedralen sind sehr große, schöne und alte Kirchen. Die Bilder zeigen eine solche Kirche von außen und innen. Die Türme der Kathedrale ragen hoch empor und sind etwas Besonderes. Oft konnten sie beim Bau der Kirche nicht vollendet werden, wie in Chartres oder in Köln. Die Eingangstore sind ebenso wie die Außenwände mit vielen Figuren geschmückt, die alle etwas bedeuten und erzählen sollen. Das ist auch bei den großen Glasfenstern in leuchtenden Farben so: Sie zeigen Geschichten aus der Bibel, erzählen vom Leben heiliger Menschen oder von Handwerkern, die an der Kathedrale gearbeitet haben – manchmal wollen sie auch einfach deutlich machen, was gut und was böse ist. Der Innenraum einer Kathedrale wirkt hoch

und weit. Die gewölbte Decke wird von starken Pfeilern getragen – oft sind es zwölf nach den zwölf Aposteln, die dann auch als Figuren abgebildet werden. Als Gotteshäuser wurden Kathedralen mit besonderer Schönheit ausgestattet und mit viel Liebe geschmückt. Am Mailänder Dom gibt es beispielsweise rund 2 300, an der Kathedrale von Chartres rund 3 000 fein gestaltete, aus Stein gemeißelte Figuren. Die berühmtesten Kathedralen gibt es heute noch in Deutschland, England, Frankreich, Italien, Österreich und Spanien. Diese beeindruckenden Bauwerke werden gern von Touristen besucht, denn sie sind Erinnerungen an die Zeit einer besonderen Frömmigkeit, das Mittelalter.
➤ *Kathedrale*

Katzen

Die Hauskatze und ihre wild lebenden Verwandten wie Löwe, Tiger und Luchs bilden die Familie der Katzenartigen. Es gibt rund 40 verschiedene Arten der Großkatzen. Alle sind schnelle Jäger mit scharfen Augen und einem feinen Gehör. Die eindrucksvollste Großkatze ist der Löwe der afrikanischen Savanne (oben). Das ausgewachsene Löwenmännchen mit seiner mächtigen Mähne und einer Körperlänge von mehr als zwei Metern wird auch „König der Tiere" genannt. Der Tiger (unten links) ist mit seinem gestreiften Fell für Streifzüge durch den Dschungel hervorragend angepasst. Der Luchs (unten rechts) ist noch in manchen Gegenden Europas anzutreffen, in den Schweizer Alpen wurde er sogar wieder ausgewildert.

Hauskatzen leben seit Tausenden von Jahren mit den Menschen zusammen. Sie gehören wie die Hunde zu den ältesten und beliebtesten Haustieren, passen sich im Unterschied zu den Hunden jedoch nur ungern an. Sie leben lieber nach ihrem eigenen Kopf. Im Lauf der Zeit wurden auf der Welt viele verschiedene, oft ungewöhnliche Katzen gezüchtet. Die Angora- oder Perserkatze 1 mit ihrem langen, seidenweichen Fell ist eine der schönsten Katzen. Sie wird gern in Wohnungen gehalten, braucht aber sorgfältige Pflege. Die Siamkatze 2 ist schlank, rassig und verspielt. Verbreitet ist die zweifarbige Kurzhaarkatze 3, hier mit Kätzchen, die blaue Kartäuserkatze 4 und natürlich die Hauskatze 5. Sie ist gerade auf der Jagd nach einer Maus. → *Katzen*

Komet

Kometen sind kleine, aber sehr auffällige Himmelskörper, die die Sonne umkreisen. Sie haben einen selbst leuchtenden Kopf und einen Millionen Kilometer langen Schweif aus Gasen, die Koma. Wenn das Licht der Sonne auf Kometen fällt, leuchten sie auf und zeigen damit ein großartiges Schauspiel am Nachthimmel.

Unsere Erde hat schon oft einen Kometenschweif durchquert, ohne dass wir Menschen davon etwas gemerkt haben: Meist waren es die Bahnen kleiner Kometen, die inzwischen selbst schon lange verschwunden waren, während nur noch ihre Trümmer aus Stein und Eisen durch den Weltraum flirrten. Manche Kometen treffen bis zum heutigen Tag auf die Atmosphäre der Erde, glühen auf

und blitzen dann am Nachthimmel als helle Lichterscheinungen auf. Kleinere Stücke von Kometen werden manchmal als schnell verglühende, flüchtige Sternschnuppen oder Meteoriten sichtbar: Sie verdampfen hoch über uns und versprühen so ihr letztes Licht am Himmel. Bis heute wurden rund 1 700 Kometen entdeckt, beobachtet und beschrieben. Der bekannteste von ihnen ist bis heute der Komet „Hale-Bopp", der in den Jahren 1996 und 1997 mehrere Monate mit bloßem Auge am nächtlichen Himmel sichtbar gewesen war.
In früheren Zeiten hatten die Menschen beim Anblick eines Kometenschweifs oft große Angst: Sie hielten das für ein Vorzeichen von Unheil und Not. Aber das stimmt natürlich nicht, es ist Aberglaube.

Landwirtschaft

Am Beispiel eines Bio-Bauernhofs zeigt dieses Bild, wo Tiere und Pflanzen dank der Arbeit von Landwirten heranwachsen, damit wir Menschen davon leben können. Links oben befindet sich das Hofgebäude 1 mit den Wohnräumen und Vorratskammern sowie den Stallungen. Der Tankwagen vom Milchhof holt die gemolkene Kuhmilch regelmäßig ab.

In der hügeligen Landschaft umgeben Äcker, Wälder, Weiden und Wiesen den Hof. Traktor und Stapler 2 transportieren Strohballen und Heubündel. Unter dem Dach der großen Halle wartet bereits eine große Allzweckmaschine 3, die zur Bereitung des Bodens, zur Aussaat und zum Ernten dient. Sie ist für unwegsames Gelände mit Raupen und für Wege und Straßen mit grob gefurchten Rädern aus-

gestattet. Einige Arbeiter sind gerade mit der Obsternte beschäftigt 4 . Darunter laufen, durch ein Holzgatter geschützt, ein ausgewachsenes Pferd 5 und ein Jungpferd (Fohlen) sowie außerhalb des Gatters ein Esel 6 über die Wiese. Sie sind hauptsächlich zum Anschauen und Streicheln für Feriengäste auf dem Bauernhof da. Daneben finden wir auch die bekanntesten bäuerlichen Nutztiere: Hahn und Henne mit Küken 7 , Schwein mit Ferkeln 8 , Schaf mit Lamm 9 , Gänse 10 und Kaninchen 11 sowie, durch einen elektrischen Zaun getrennt, Stier und Kühe 12 . Von diesen Tieren erhalten wir Lebensmittel wie Milch, Eier und Fleisch, aber auch Wolle für unsere Kleidung oder Federn für unser Bett.
➤ *Lebensmittel* ➤ *Pferde* ➤ *Rinder*

Meerestiere

Auf dem Bild sehen wir verschiedene Tiere und Pflanzen des Meeres. Fliegende Fische 1 können mithilfe ihrer großen Brustflossen bis zu 200 Meter weit durch die Luft gleiten. Der Weiße Hai 2 wird bis zu 13 Meter lang und ist der größte Raubfisch (aber nicht das größte Raubtier) im Meer. Weitere bekannte Haie sind der Tigerhai 3, der Fuchshai 4, der Große Hammerhai 5 und der Kleingefleckte Katzenhai 6. Schwertfische 7 gehören zu den schnellsten Fischen. Die schlanken Barrakudas 8 sind Raubfische, die unter anderem Jagd auf Thunfische 9 und Red Snapper 10 machen. Störe 11 und Lachse 12 sind Wanderfische: Sie leben normalerweise im Meer, kommen aber zum Laichen zurück in Süßgewässer. Auch die

Seeschildkröte 13 verlässt zur Eiablage das Meer: Sie vergräbt ihre Eier an Land. Mondfische 14 können über 3 Meter breit, bis zu 4 Meter lang und 2,5 Tonnen schwer werden. Rochen wie der Mantarochen 15, der Stachelrochen 16, der Adlerrochen 17 und der Sägerochen 18 benutzen ihre Flossen wie Vogelflügel, mit denen sie elegant durchs Wasser gleiten. Muränen 19 können sich mit ihrem schlanken Körper selbst in kleinste Höhlen und Nischen zurückziehen und warten dort auf ihre Beute. Außerdem gibt es Tiere und Pflanzen, die vor allem den Meeresboden bewohnen, wie Seeigel 20, Taschenkrebse 21, Langusten 22, Hummer 23, Einsiedlerkrebse 24, Riffkraken 25 und Aktinien 26.
→ *Meer*

Meer: Wale

Wale sind Säugetiere, die im Wasser leben, aber keine Fische sind – das alte Wort Walfisch stimmt also nicht. Allerdings haben sie einen fischähnlichen Körper mit querliegenden Schwanzflossen (bei Fischen sind sie senkrecht) sowie verkümmerte Vorderfüße, die wie Flossen aussehen. Im Unterschied zu Fischen atmen Wale durch Lungen und müssen deshalb immer wieder auftauchen, um Luft zu holen. Viele Wale können aber sehr lange unter Wasser bleiben, Pottwale sogar bis zu zwei Stunden. Delfine **1** sind die bekanntesten und beliebtesten Zahnwale. Sie sind intelligente, verspielte Tiere, die am liebsten gesellig in großen Schwärmen zusammenleben. Der Grönlandwal **2**, der Buckelwal **3** und der Blauwal **4** sind

Bartenwale, die sich von Plankton ernähren. Beim Blauwal schwimmt ein Taucher mit Luftgerät. Das Bild macht die Größenverhältnisse deutlich. Der Blauwal ist das größte Säugetier der Welt: Er wird bis zu 35 Meter lang und 200 Tonnen schwer. Das wiegt auch eine Herde mit 170 Rindern. Der Pottwal 5 unter ihm schnappt gerade nach einem großen Tintenfisch, der seine Hauptnahrung ist. Ganz außen schwimmen ein Narwal 6 mit seinem fast drei Meter langen Horn und ein Orca 7 . Ganz unten ist ein Walhai 8 zu sehen: Er hat mit Walen aber nur den ersten Teil seines Namens gemeinsam, denn er gehört zu den Fischen und ist ein ungefährlicher Meeresbewohner. In den Lüften fliegen außerdem: Seemöwe 9 , Albatros 10 und Silbermöwe 11 . ➜ *Wale*

Meer: Korallenmeer

Das sind die schönen Fische des Korallenmeeres: Soldatenfisch 1, Arabischer Kaiserfisch 2, Rotmeerwimpelfisch 3, Orangekopf-Falterfisch 4, Rotfeuerfisch 5, Maskenfalterfisch 6, Pfauenkaiserfisch 7, Königin-Engelfisch 8, Imperator-Kaiserfisch 9, Doktorfisch 10, Papageifisch 11, Clownfisch 12, Halfterfisch 13, Flaggenschwanz-Doktorfisch 14. Die Portugiesische Galeere 15 ist eine giftige Qualle. Weitere Bewohner: Schirmkoralle 16, Acropora 17, Rindenkoralle 18, Blasentang 19, Hirnkoralle 20, Barbershop-Shrimp 21, Haarstern 22, Montipora 23, Schwämme 24, Kuda-Seepferdchen 25, Kolbenseeigel 26, Seestern 27 und Baumartige Rindenkoralle 28.

→ *Korallen*

Meer: Muscheln und Schnecken

Muscheln haben ein Gehäuse aus zwei Schalen, die sie wie Türen aufklappen und verschließen können. Schnecken bauen ihr Gehäuse aus Kalk in Spiralen auf. Das Bild zeigt verschiedene Muscheln und Schnecken im Meer: Auster 1 , Phalium 2 , Jakobsmuschel 3 , Olivenschnecke 4 , Nadelschnecke 5 , Pyrula 6 , Pelikanfuß 7 , Narrenkappe 8 , Wendeltreppe 9 , Scheidenmuschel 10 , Würfelturban 11 , Turm von Babylon 12 , Gemeine Turmschnecke 13 , Herkuleskeule 14 , Rundmundschnecke 15 , Grünes Meerrohr 16 , Herzmuschel 17 , Schlichtes Täubchen 18 , Straubschnecke 19 , Riesenmuschel 20 , Stachelschnecke 21 , Miesmuschel 22 , Strandschnecke 23 , Napfschnecke 24.

➤ *Muscheln*

Mond

Von allen Himmelskörpern kommt der Mond unserer Erde am nächsten. Er ist außerdem der einzige, den ein Mensch jemals betreten hat: im Jahr 1969 beim Unternehmen „Apollo 11". In der Bildmitte sehen wir die Mondlandefähre LEM (Lunar Excursion Module), deren Unterteil mit Goldfolie umkleidet ist: Sie bleibt auf dem Mond. Das Oberteil ist die Pilotenkapsel, die für den Rückflug abgesprengt wird. Im Hintergrund ist die Erde zu sehen. Die beiden Astronauten mit dem Versorgungsrucksack auf dem Rücken, Neil Armstrong und Edwin Aldrin, entnehmen Bodenproben. Ihre Fußstapfen sind gut zu erkennen und werden so bleiben, denn auf dem Mond weht kein Wind, der ihre Spuren verwischen könnte. → *Mond*

Nachthimmel und Sternbilder

Damit man Sterne beim Beobachten leichter wiederfinden kann, werden bestimmte Sternengruppen schon seit vielen Hundert Jahren zu Sternbildern zusammengefasst. Der nördliche Sternhimmel über uns im Sommer (Juli) um 24 Uhr zeigt: das Dreieck Triangulum 1 ; Perseus 2 mit dem Hauptstern Algol; Pegasus 3 mit Markab; Kassiopeia 4 , das große „W" am Nachthimmel; der Schwan 5 mit dem Hauptstern Deneb; die Leier (Lyra) 6 mit dem Hauptstern Wega; der Kleine Wagen (Kleine Bär) 7 mit dem Polarstern, der nicht wandert, am Ende der Deichsel; der Große Wagen (Große Bär) 8 ; der Drache (Draco) 9 ; die Krone 10 ; der Löwe 11 mit dem Hauptstern Regulus.

➔ *Sternbilder* ➔ *Planeten*

Naturkräfte: Nordlicht

Das Nordlicht (oder Polarlicht) ist eine Lichterscheinung am nächtlichen Himmel, die über den Polargebieten der Erde auftritt. Die Menschen in Norwegen, Schottland, Kanada und Alaska haben dieses Naturschauspiel seit Jahrhunderten immer wieder beobachtet, beschrieben und fotografiert: als farbige Bänder und Bogen, als Bündel von Lichtstreifen, als schimmernde wehende Vorhänge und Wolken in unterschiedlichen Farben. Das Schauspiel entsteht in einer Höhe von 100 bis 600 Kilometern durch Ströme elektrisch geladener Teilchen, die beim Eindringen in die Erdatmosphäre zum Leuchten gebracht werden. Dabei stören sie den Funkempfang: Dann spricht man von magnetischen Stürmen.

Naturkräfte: Vulkan

Ein Vulkan sieht von Weitem aus wie ein gewaltiger feuerspeiender Berg. Tatsächlich stammt die Glut aus dem tiefen Inneren der Erde, in der sich Ströme von glühendem, flüssigem Gestein bewegen. Die Erdkruste umschließt diesen Erdkern und seine feurige Masse – doch nicht immer und nicht überall. An manchen Stellen der Erde, an denen die Erdkruste dünner ist, entsteht dann eine Öffnung in der Oberfläche der Erde. Wie bei einem Kamin wird aus dem Inneren der Erde Gas und flüssiges Gestein emporgetragen und hinausgeschleudert: Der Vulkan kommt zum Ausbruch. Dann schießt glühende Lava aus dem Bergkegel und fließt anschließend in einer glühend heißen Feuerspur an den Hängen abwärts. ➤ *Vulkan*

Pandas und andere bedrohte Tiere

Der Lebensraum der Tiere und Pflanzen auf der Erde nimmt unaufhörlich ab, viele Tierarten sind vom Aussterben bedroht. Eines der bekanntesten Tiere ist der schwarz-weiß gemusterte Panda 1 aus den chinesischen Bambuswäldern. Aber auch die Robben im Eismeer, wie die Mönchsrobbe 2, sind stark gefährdet. Der Komodowaran 3 gehört zu den Echsen. Er steht ebenso wie der Mississippi-Alligator 4 unter Naturschutz. Zwergwale 5 sind wegen des Fischfangs mit ausgedehnten Schleppnetzen äußerst gefährdet. Das in der Natur ausgestorbene Przewalskipferd 6 soll in der Mongolei wieder ausgewildert werden.
➤ *Natur in Gefahr* ➤ *Echsen* ➤ *Krokodile* ➤ *Panda* ➤ *Pferde* ➤ *Wale*

Pinguine

Die meisten Pinguine leben in der Antarktis: Das ist der riesige Kontinent rings um den Südpol der Erde, der mit einer dicken Schicht aus Eis und Schnee bedeckt ist. Nur wenige Tiere überleben hier in Sturm und Kälte. Sie sind geschützt durch eine dicke Schicht Fett unter der Haut sowie durch ein dichtes Fell oder Federkleid.

Das Bild zeigt drei der insgesamt 15 Pinguinarten in einer großen Kolonie: Der Königspinguin ❶ brütet auf Inseln am Rand der Antarktis. Der ähnliche, aber größere Kaiserpinguin ❷ ist auf dem Festland zu Hause. Die Eltern schleppen Fische als Nahrung für die Jungen im Kropf herbei. Rechts außen ist ein Schopfpinguin ❸ zu sehen.
→ *Pinguine*

Planeten

Planeten sind Himmelskörper, die im Verlauf von Tagen, Wochen oder Monaten ihren Platz am Himmel deutlich verändern. Mit der Sonne in der Mitte bilden sie eine zusammengehörige Familie: das Sonnensystem.
Planeten umlaufen die Sonne in kreisähnlichen Bahnen, und zwar im Uhrzeigersinn. Die Sonne 1 bildet das Zentrum unseres Planetensystems, um das alle anderen Planeten kreisen. Sie ist für das Leben auf der Erde von entscheidender Bedeutung. Der Planet Merkur 2 ist der Sonne am nächsten. Es folgt der Planet Venus 3 , den wir bei Sonnenaufgang als Morgenstern, bei Sonnenuntergang als Abendstern sehen. Unsere Erde 4 umkreist die Sonne zusammen mit ihrem Begleiter, dem Mond. Er ist auf dem Bild

rechts über ihr zu sehen. Es folgt der „Rote Planet" Mars 5 . Der Asteroidengürtel 6 liegt zwischen den Bahnen von Mars und Jupiter 7 , dem größten Planeten unseres Sonnensystems mit über 60 Monden. Man erkennt den „Großen Roten Fleck" auf seiner Oberfläche. Der Gasplanet Saturn 8 ist umgeben von einem System aus verschiedenen Ringen. Am äußeren Rand unseres Sonnensystems kreisen schließlich der Planet Uranus 9 und der Planet Neptun 10, jeweils mit ihren dazugehörigen Monden, um die Sonne. Pluto 11 wird seit dem Jahr 2006 nicht mehr zu den Planeten gezählt, weil er sehr klein und von der Sonne von allen Planeten am weitesten entfernt ist.

➤ *Planeten* ➤ *Sonne* ➤ *Erde* ➤ *Mond*

Regenwald

Die großen Regenwälder wachsen in den feuchten und heißen Gebieten der Erde. Hier gibt es mehr Baum- und Pflanzenarten, mehr Vögel, Säugetiere und Schmetterlinge als irgendwo sonst auf der Welt. Von den heute bekannten 8 600 Vogelarten findet sich zum Beispiel allein ein Fünftel in den Wäldern am Amazonas, die anderen vier Fünftel verteilen sich auf die übrige Welt. Die meisten und größten Regenwälder gibt es in Südamerika, Afrika und Südostasien. Kleinere Gebiete findet man in den USA, in Mittelamerika, der Karibik, in Indien, Australien und auf der afrikanischen Insel Madagaskar. Je nach Region sind die Pflanzen und Tiere dieser verschiedenen Regenwälder auch untereinander verschieden.

Im Bild sehen wir einige ausgewählte Tiere des Regenwaldes wie den farbenprächtigen Tukan 1, den Quetzal 2, den baumbewohnenden Lori 3, den Flugdrachen 4 und das Flughörnchen 5. Außerdem gibt es hier viele verschiedene farbenfrohe Schmetterlinge wie den Punktfalter 6, den Zebrafalter 7, den Doryssusfalter 8, den Morphofalter 9 und viele weitere mehr. Am Boden und in den Sümpfen des Regenwaldes leben die Korallenotter 10, die Terekeyschildkröte 11, der Südliche Sumpfgecko 12 und, versteckt im Wasser, das Indische Panzernashorn 13. Natürlich gibt es im Regenwald auch jede Menge exotische Pflanzen, wie zum Beispiel die prächtigen Orchideen 14, die Heliconien 15 und die Victoria-Seerosen 16.

➞ *Regenwald* ➞ *Natur in Gefahr* ➞ *Wald*

Savanne

Die Savanne ist eine Landschaft, die zwischen dem feuchtwarmen tropischen Regenwald und der dürren, trockenen Wüste liegt. Savannen sind besonders in Afrika verbreitet. Hier hat sich eine vielfältige Pflanzen- und Tierwelt entwickelt. Zwei besonders eindrucksvolle große Tiere der Savanne sind die Giraffe und der Gepard.

Die braun-weiß gefleckte Giraffe lebt in kleineren Herden in Afrika südlich der Saharawüste. Diese Tiere sind auffallend groß, Hals und Beine ungewöhnlich lang. Mit ihrer blauen Greifzunge können sie Blätter in sechs Meter hohen Bäumen zum Fressen erreichen. Das Trinken ist allerdings mühsam, denn dafür müssen sie sich bücken.
➙ *Savanne* ➙ *Giraffe*

Geparden sind die einzigen Großkatzen, die laut schnurren und sich zur Jagd durch Menschen abrichten lassen. Im Unterschied zu den Löwen und Leoparden gehen Geparden ausschließlich tagsüber auf die Jagd. Dabei wenden sie eine besondere Taktik an: Sie beobachten erst einmal die Wege ihrer Beute. Dann lauern sie versteckt hinter einem Gebüsch und erst wenn das Tier nahe genug ist, rennen sie in einem atemberaubenden Tempo los. Besonders gern jagen sie Gazellen, die selbst Geschwindigkeiten von 50 Stundenkilometern und mehr erreichen. Um sie einzuholen und zu packen, muss ein Gepard für eine kurze Strecke und kurze Zeit mindestens doppelt so schnell sein: Er schafft tatsächlich 120 Stundenkilometer und ist damit das schnellste Landtier. ➤ *Gepard*

Stauwerk

Elektrische Energie ist eine unsichtbare Kraft. Wir können sie nicht selbst sehen, aber wir erkennen ihre Wirkung, wenn wir elektrische Geräte an eine Steckdose anschließen und mit Strom betreiben. Elektrische Energie kann auf vielen Wegen erzeugt werden: ob durch Sonne, Wind, Kernkraft oder wie hier im Stauwerk durch Wasserkraft.

In den hohen Bergen ist ein Stausee errichtet worden. Hinter der großen gebogenen Mauer des Staudammes wird das Wasser aus Bächen und Flüssen im See gesammelt und in mächtigen Fallrohren abwärts geleitet. Hier trifft das hinabstürzende Wasser mit enormer Kraft auf die Schaufelräder der Turbinen des Maschinenhauses: Wenn sie sich drehen, setzen sie einen Generator in Gang, der den

elektrischen Strom erzeugt – damit wird Bewegungsenergie in elektrische Energie umgewandelt.
Die neu gewonnene Energie wird über Hochspannungsleitungen in die nahe gelegene Stadt geleitet. Wenn wir unterwegs sind, sehen wir, dass solche Leitungen unser ganzes Land durchziehen. In der Stadt beleuchtet der Strom Häuser und Straßen, setzt große Maschinen in Bewegung und kleine Geräte im Haushalt: den Herd, den Staubsauger, den Computer oder Fernseher. Ein anderes Werk, das Strom und damit Energie erzeugt, steht mitten im Fluss: Es ist ein Flussstauwerk, das die Bewegung des stetig strömenden Wassers nutzt, um die Turbine und den Generator in Gang zu halten.
➔ *Energie*

Teich

Im Unterschied zu Bächen und Flüssen, deren Wasser sich unablässig, oft sogar reißend abwärts bewegt, sind Teiche und Tümpel „stehende" Gewässer. Manche werden durch den Zufluss aus kleinen Quellen gespeist, andere füllen sich durch Grundwasser oder Regen. Wieder andere Teiche bilden sich in flachen Gebieten, in denen Flüsse an den Seiten immer wieder über ihre Ufer treten: Hier entstehen Flussauen als besonderer Lebensraum. Viele Menschen legen sich zu Hause in ihrem eigenen Garten einen künstlichen Teich an. In Teichen und Auen finden wir eine vielfältige Lebensgemeinschaft ganz unterschiedlicher Tiere und Pflanzen.

Auch in dem Teich, den wir auf diesem Bild sehen, gibt es die verschiedensten Lebewesen zu entdecken. Hier sehen wir über und unter Wasser: Wasserschwertlilie 1, Libelle 2, Fischreiher 3, Igelkolben 4, Stockente 5, Sumpfdotterblume 6, Wasserlinsen 7, Pfeilkraut 8, Gemeiner Wasserhahnenfuß 9, Weiße Seerose 10, Froschbiss 11, Gemeiner Wasserschlauch 12, Hornkraut 13, Gelbe Seerose 14, Wasserläufer 15, Wasserknöterich 16, Fieberklee 17, Bitterklee 18, Kolbenwasserkäfer 19, Wasserfeder 20, Bergmolch 21, Schlammschnecke 22, Wasserpest 23, Froschlaich 24, Kaulquappe 25, Laichkraut 26, Wasserfrosch 27, Rückenschwimmer 28, Wasserskorpion 29, Gelbrandkäfer 30, Kleines Nixenkraut 31.

Tsunami

Tsunamis sind riesige Flutwellen auf dem Meer, die aufgrund eines Erdbebens (Seebebens) oder eines Vulkanausbruchs am Meeresboden entstehen. Der Begriff stammt aus dem Japanischen und bedeutet so viel wie „Hafenwelle". Er geht auf japanische Fischer zurück, die eines Tages vom Fischfang zurückkehrten und im Hafen alles verwüstet vorfanden, obwohl sie auf dem offenen Meer keine Welle gesehen oder gespürt hatten.

Dies ist eine typische Wirkung von Tsunamis: Auf offener See sieht die Welle oft noch harmlos aus, weil sie nur einen halben Meter hoch ist, aber tatsächlich ist sie hochgefährlich, nämlich Hunderte von Kilometern lang und rasend schnell. Dies liegt daran, dass

sich bei einem Tsunami die gesamte Wassersäule vom Meeresboden bis zur Meeresoberfläche auftürmt – Sturmwellen hingegen werden nur an ihrer Oberfläche hoch aufgeworfen, während die tieferen Wasserschichten unbewegt bleiben.
Wenn ein Tsunami dann die Küste erreicht, nimmt die Geschwindigkeit ab, die Höhe der Wellen aber zu: Die Wassermassen türmen sich bis zu 40 Meter hoch auf und richten an der Küste und im Hinterland verheerende Schäden an.
Wenn Tsunamis heranrasen, starren die Menschen entsetzt auf das Meer: Sollen sie wegrennen, sollen sie stehen bleiben und sich irgendwo festhalten oder verstecken? Wenige Augenblicke später zerstören die Fluten Haus, Straße, Mauern, Bäume. ➔ *Tsunami*

Versteinerungen

Versteinerungen werden auch Fossilien genannt: Es sind versteinerte und dadurch erhalten gebliebene Spuren und Überreste von Tieren und Pflanzen früherer Erdzeitalter. Oft sind die Versteinerungen Abdrücke von festen Teilen eines Körpers oder einer Pflanze, die sich ins Gestein einprägten, wie Schalen, Knochen oder Abdrücke davon. Außer solchen Versteinerungen wurden Zähne gefunden: Weil sie so hart sind, konnten sie ohne Weiteres Millionen von Jahren überdauern. Manchmal sind Überreste von Bäumen oder Insekten auch in Harz (Bernstein) gefunden worden, wieder andere im Dauerfrostboden rings um den Polarkreis im nördlichen Kanada oder im russischen Sibirien. Mithilfe solcher Fundstücke können

Forscher ein Bild vom Leben und der Entwicklung des Lebens auf der Erde entwerfen. Viele solcher Fundstücke werden heute durch planmäßige Grabungen an den Tag gebracht, andere kommen zufällig bei Aushub des Kellers für ein Haus oder für eine neue Straße zum Vorschein. Die Suche nach Fossilien kann aber auch ein Hobby für all diejenigen sein, die Spuren der Vergangenheit finden wollen: wie etwa bei einem Familienausflug mit Picknick – und nebenbei mit überraschenden Funden. Mit etwas Glück lassen sich aus dem Gestein oder aus Erdschichten Ammoniten, Muscheln und Schnecken geduldig und behutsam herausmeißeln. Im „Feldbuch" notiert der Vater die wichtigen Daten: was gefunden wurde, sowie wann und wo.

➞ *Versteinerungen*

Vögel: Singvögel

Alle Singvögel sind stimmbegabt: Viele singen besonders klangvoll und schön, andere können den Gesang anderer Vögel oder Geräusche nachahmen, wieder andere zirpen oder krächzen nur. Das Bild zeigt die Rauchschwalbe 1, den Mauersegler 2, die für ihren schönen Klang berühmte Nachtigall 3 und die Amsel 4. Ihren Gesang hat jeder schon einmal gehört, wenn sie schimpfend eine Katze vertreibt. Weitere einheimische Singvögel sind das Rotkehlchen 5, die Blaumeise 6, der Buchfink 7 und der Haussperling 8. Er zwitschert unüberhörbar und ist überall unterwegs. Zuletzt der Stieglitz 9, der Zaunkönig 10, der Dompfaff 11 und der Star 12.

→ *Singvögel* → *Vögel*

Vögel: Wasservögel

Seen, Flüsse und Meeresküsten sind die Lebensräume der Wasservögel. Möwen 1 und Kormorane 2 sind gute Segelflieger und Taucher. Eisvögel 3 ergreifen ihre Beute im Tauchflug. Der Pelikan 4 lässt sich die Fische ins weit geöffnete Maul treiben. Die Große Rohrdommel 5, die Wasserralle 6 und der Flussuferläufer 7 verstecken sich gerne im Schilf. Graugänse 8 sind die größten aller Wildgänse. Flamingo 9 und Schwan 10 sind zwei große, anmutige Wasservögel. Stockenten 11, Löffler 12, Säbelschnäbler 13 und Stelzenläufer 14 suchen im flachen Uferwasser nach Nahrung, während Haubentaucher 15, Blässhühner 16 und Papageitaucher 17 gute Taucher sind.

➙ *Wasservögel* ➙ *Vögel*

Vorzeit: Karbon

Im Erdzeitalter des Karbons, das sich über viele Millionen Jahre erstreckte, entstand auf und unter der Erde die Steinkohle. Das Karbon wird deshalb manchmal auch Steinkohlezeit genannt. Steinkohle ist seit Hunderten von Jahren ein wichtiger Energieträger für uns. Über die Pflanzen und Tiere dieser Epoche wissen wir gut Bescheid, denn seit die Menschen nach Steinkohle graben, kamen auch Fossilien der damals lebenden Tiere und Pflanzen ans Tageslicht.
Es gilt als sicher, dass die heutige Kohle vor Millionen Jahren einmal Torf gewesen ist. Dieser ist entstanden, als in weiten Sumpfgebieten und Mooren tote Pflanzenteile, Baumstämme, Wurzeln, Blätter und Samen im trüben Wasser versanken, sich allmählich

auflösten und zu Brei wurden. In unvorstellbar langer Zeit wandelte sich der unterirdisch lagernde Torf dann bei hohem Druck und hohen Temperaturen schließlich in Kohle um. Eine solche Wald- und Wasserlandschaft können wir uns dank der erstaunlich genauen Versteinerungen auch nach so langer Zeit gut vorstellen. Die Erde war damals mit großen Sumpfgebieten bedeckt, überall wuchsen Farne. Im Bild sehen wir einige Schachtelhalmbäume 1. Schuppenbaum 2 und Siegelbaum 3 erreichten einen Durchmesser von zwei Metern. Cordaitenbäume 4 sind mit unseren heutigen Nadelbäumen verwandt, sie vermehren sich durch Samen. Die Ur-Siegelbäume 5 konnten eine Höhe von etwa zehn Metern erreichen.
→ *Vorzeit*

Vorzeit: Dinosaurier

Während der Erdzeitalter Trias, Jura und Kreide lebten auf der Erde gewaltig große Tiere: die Dinosaurier. Tyrannosaurus Rex ❶ war mit einer Länge von fast 13 Metern einer der größten Fleischfresser. Archäopteryx ❷ ist der Vorfahre unserer heute lebenden Vögel. Er war der erste Flugsaurier mit einem echten Federkleid. Andere Flugsaurier, wie Pterodactylus ❸, trugen Flügel aus Haut, ähnlich wie die heutigen Fledermäuse. Pachycephalosaurus ❹ hatte auf seinem Kopf eine dicke Knochenplatte, die er für Rammstöße im Kampf einsetzte. Das Dimetrodon ❺ sieht aus wie ein Dinosaurier, lebte aber lange vor ihnen. Mit seinem großen Rückensegel regulierte es vermutlich seine Körpertemperatur.

Stegosaurus 6 war ein Pflanzenfresser. Gegen Angriffe von Raubsauriern schützte er sich mit den großen, massiven Knochenplatten auf seinem Rücken. Er konnte sogar spitze Schwanzstacheln gegen die Angreifer einsetzen. Auch der Pflanzenfresser Triceratops 7 trug als Waffe und Schutz gegen Raubsaurier drei Hörner auf seinem Kopf, die bis zu einem Meter lang werden konnten.

Deinonychos 8 war leicht gebaut und ein flinker, schneller Jäger mit spitz zulaufenden Krallen. Brachiosaurus 9 war mit einer Länge von 23 Metern und dem Gewicht von zwölf Elefanten einer der größten Pflanzenfresser seiner Zeit. Im Gegensatz dazu war Compsognathus 10 einer der kleinsten Dinosaurier. Er war etwa so groß wie eine heutige Hauskatze.
➤ *Vorzeit*

Wald

In unserer Heimat gibt es viele Wälder, in denen wir auf Entdeckungssuche gehen können. Mit etwas Glück kannst du in den Bäumen ein Eichhörnchen 1 herumklettern sehen. Sie sind Nagetiere – ebenso wie die Waldmaus 2 und die Haselmaus 3. Wildschweine 4 sind Allesfresser, aber am liebsten mögen sie Eicheln und Bucheckern.

Der Wiedehopf 5 und der Auerhahn 6 fühlen sich auf Waldlichtungen am wohlsten, während das Wiesel 7, der Dachs 8 und der Fuchs 9 unterirdische Gänge bewohnen – teilweise leben Dachse und Füchse sogar im gleichen Bau. Hirsche 10 und Rehe 11 haben im heutigen Wald keine natürlichen Fressfeinde mehr. Ebenso wie der Hase 12 werden sie daher in den letzten Jahren wieder

verstärkt von Jägern gejagt. In jedem Wald leben natürlich auch zahlreiche Käfer und andere Insekten. Der Hirschkäfer 13 ist der größte europäische Käfer. Er lebt vor allem in alten Eichenwäldern. Auch der Maikäfer 14 frisst am liebsten Laubbaumblätter. Der Moschusbock 15 ernährt sich von Pollen oder ausfließenden Säften von Bäumen. Einige typische Vögel des Waldes sind die Turteltaube 16, der Kuckuck 17, die Rabenvögel Elster 18, Rabenkrähe 19 und Eichelhäher 20 sowie der Grünspecht 21, der Kleiber 22 und der Pirol 23.
Wer aufmerksam durch den Wald geht, kann sogar einige essbare Pilze wie den Pfifferling 24 oder den Steinpilz 25 finden. Aber Achtung: Der Fliegenpilz 26 ist giftig!
➙ Wald

Wasserkreislauf und Wolken

Das Wasser auf der Erde durchläuft einen immerwährenden Kreislauf: Von der Sonne erwärmt, verdunstet das Wasser in Flüssen und Seen, vor allem aber auf den Weltmeeren unaufhörlich. Es steigt – für unsere Augen so gut wie unsichtbar – als Wasserdampf aufwärts und sammelt sich im Nebel oder in den Wolken. Wenn diese genug Wasser aufgenommen haben, wird es als Regen oder (wenn es kalt genug ist) als Schnee oder Eisregen wieder abgegeben.

Das Wasser sammelt sich in Bächen, Teichen, Seen, Flüssen und zuletzt im Meer. Es sickert auch durch die Erdoberfläche und bildet darunter das Grundwasser oder sogar unterirdische Flüsse. Das Bild zeigt diesen Kreislauf des Wassers.

Außerdem sind verschiedene Wolken zu sehen: Föhnwolken 1 entstehen vor Gebirgen. Sie bringen warme, trockene Fallwinde mit sich. Altocumulus 2 sieht man bei gleichbleibendem Wetter. Cirrus 3 sind Vorboten für regnerisches und Cumulus 4 für anhaltend gutes Wetter. Schneefall 5 entsteht erst bei kälteren Temperaturen. Wenn man Cumulonimbus 6 sieht, wird es bald ein Gewitter 7 geben, schlimmstenfalls einen Tornado 8. Hochnebel 9 entsteht erst ab einer gewissen Höhe im Gebirge. Außerdem sind Landschaften zu sehen, die das Wasser erzeugt hat, wie eine Vorinsel mit Leuchtturm 10, eine Küstenstadt 11, ein Flussdelta 12, eine Bucht 13 mit Sandstrand 14, ein Wasserfall 15, eine Halbinsel 16 und eine Insel 17. → *Wasser* → *Wolken*

Wüste

Wüsten sind lebensfeindliche Gegenden der Erde: Entweder ist es extrem kalt oder extrem heiß. Das Kamel ist eines der wenigen Tiere, das sich optimal an die heißen Temperaturen der Wüste angepasst hat: Es kann in seinem Körper (im Höcker) Flüssigkeit und Nahrung für längere Zeit speichern, außerdem kann es Temperaturen bis zu 40 Grad Celsius aushalten, während die Körpertemperatur von uns Menschen und der meisten Säugetiere nicht mehr normal ist, wenn sie 37 Grad übersteigt. Im Bild sehen wir eine Karawane mit Dromedaren 1, ein Kamel mit zwei Höckern 2, ein Dromedar (ein Höcker) mit Jungtier 3 und das Lama 4, ein höckerloses Kamel aus Südamerika.

➤ *Kamel*

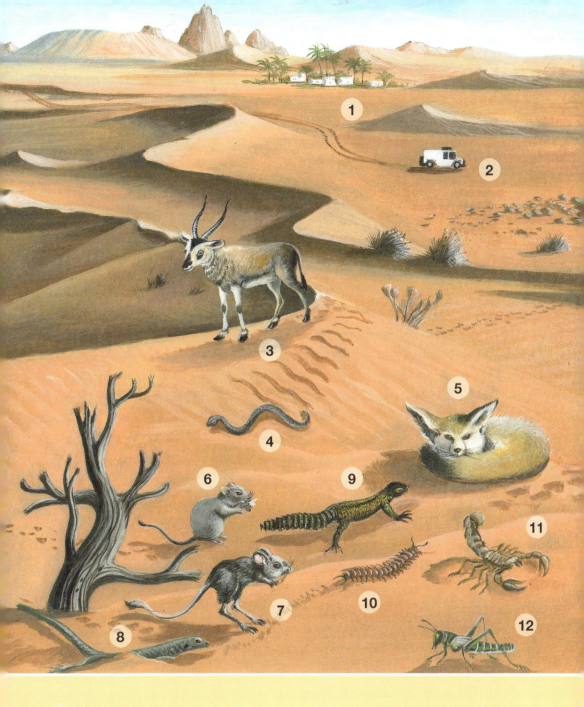

Oasen ❶ sind die wenigen Orte in der Wüste, in denen es Wasser und damit auch Palmen und Leben gibt. Früher ritt man in der Wüste auf Kamelen, heute fährt man mit Jeeps ❷ mit Vierradantrieb und Hitzeschutz auf Safari – manchmal wird dabei auch Jagd auf die Addax-Antilope ❸ gemacht. Die meisten Wüstentiere haben sich an die harten Lebensbedingungen ihrer Umwelt angepasst, indem sie in ausgedehnten Gängen, in Höhlen und tiefen Nestern unter der Erde leben. So zum Beispiel die Seitenwinderschlange ❹, Fennek, der Wüstenfuchs ❺, kleine Nagetiere ❻, die Wüstenspringmaus ❼, der astähnliche Apothekerskink ❽, die Dornschwanzechse ❾, der Tausendfüßler ❿, der Skorpion ⓫ und die Wanderheuschrecke ⓬.

→ *Wüste*

Zugvögel

Alle freuen sich, wenn sie einen Storch auf einem Hausdach oder Kirchturm entdecken. Als Untergrund für seinen geräumigen Horst benutzt der Storch dabei auch gerne angebotene Wagenräder. Doch sehen kann man den Weißen Storch in Deutschland nur noch selten und dann auch nur ein halbes Jahr lang: von März bis August. Die Winterzeit verbringen die Störche in Afrika, wo es warm ist. Man nennt sie daher Zugvögel – wie die Nachtigall, die Schwalben und viele andere Vögel. Sie sammeln sich im Herbst und legen auf dem Flug nach Süden am Tag 50–400 Kilometer zurück. Dabei zieht es einige Störche bis zur äußersten Südküste Afrikas ans Kap der Guten Hoffnung, wo sie dann im Dezember eintreffen.

Bei vielen Zugvögeln fliegen die Jungen im Herbst vor den älteren Tieren nach Süden. Sie haben also den Weg nicht von ihnen gelernt, sondern wissen instinktiv, wohin sie fliegen müssen. Für die Wissenschaftler ist das immer noch ein Rätsel. So viel ist sicher: Ein Zugvogel stellt seinen eigenen Standort mithilfe der Sonne fest. Das Bild zeigt verschiedene Zugvögel Europas: Schnepfe 1, Reiher 2, Lachmöwe 3, Schwalbe 4, Star 5, die Nachtigall und ihr Überwinterungsgebiet 6, Brandseeschwalbe 7. Die typischen Flugstraßen der Zugvögel sind die Zugstraßen des Weißen Storchs 8, die westliche Küstenstraße 9, die italienisch-spanische Zugstraße 10 und die adriatisch-tunesische Zugstraße 11.

➤ Zugvögel und Tierwanderungen ➤ Vögel

Adler (→ S. 11) sind große Greifvögel: Mit ausgespannten Flügeln sind sie oft mehr als zwei Meter groß. Außerdem haben Adler äußerst scharfe Augen, sodass sie ihre Beute auch aus großer Höhe erkennen können. Steinadler bauen ihre Horste, die einen Durchmesser von bis zu zwei Metern erreichen können, sehr sorgfältig aus Zweigen, kleinen Ästen, Fellfasern und Gräsern, damit ihre Jungen weich und warm liegen. Meist legen Steinadler zwei Eier. Nach etwa acht Wochen brechen die Jungen die Hülle auf und verlassen nacheinander im Abstand von einigen Tagen ihr Ei. Die Eltern kümmern sich um ihre Jungen gemeinsam und mit großer Zärtlichkeit. Etwa drei Monate später sind alle Jungen etwa gleich groß und „flügge": Jetzt lernen sie fliegen. Ein von Menschen aufgezogener Adler kann gezähmt und als Jagdvogel abgerichtet werden. Das haben Reitervölker in Arabien seit Jahrhunderten getan und in Kasachstan ist das noch heute so. In vielen Ländern dient sein Bild als Wappen, etwa in Deutschland der Bundesadler. Der Vogel war vom Aussterben bedroht, da er vor allem von Fischen lebte, die durch das Gift DDT (gegen Unkraut) verseucht waren. Dadurch wurden die Eierschalen der Adler so dünn, dass in ihrem Inneren nur noch wenige Jungvögel heranwachsen und schlüpfen konnten. Heute ist diese Chemikalie weltweit bis auf wenige Ausnahmen verboten. Seither nimmt der Bestand dieser Vögel wieder zu.

Affen (→ S. 12/13) hören, riechen und sehen gut und fast alle Affen schreien laut und gern. An ihren Händen und Füßen haben Affen eine Daumenzehe zum Abspreizen – damit können sie gleich gut zugreifen, darum nennt man sie auch Vierhänder. In den Wäldern ihrer Heimat leben sie zusammen in kleineren oder größeren Familien, manchmal auch in großen Herden, geführt von einem wachsamen Leittier.
In den letzten 100 Jahren ist der tropische Regenwald, die Heimat der Affen, durch Abholzen in vielen Ländern immer mehr verkleinert oder zerstört worden.

Ameisen (→ S. 49) sind auf der ganzen Welt verbreitet: Es gibt etwa 6000 verschiedene Arten, alle ausgestattet mit kräftigen Beißwerkzeugen, feinen Fühlapparaten, Drüsen mit Duftstoffen und behaarten Körpern. Als einzelnes Lebewesen kann eine Ameise nicht überleben, aber als Gemeinschaft sind die Ameisen äußerst zweckmäßig organisiert. Im Ameisenhaufen gibt es regelrechte Berufsgruppen wie Säuglingsschwestern, Putzfrauen, Hausmeister oder Kellnerinnen. Sie säubern den Bau, reparieren und vergrößern ihn, füttern und pflegen die Larven und kümmern sich unablässig um das Wohlergehen der Königin. Deren einzige Aufgabe ist es, Eier zu legen: bis zu 100 täglich. Arbeiterinnen suchen und sammeln rings um das Nest Nahrung, an den Eingängen wachen Posten. Sie alle sind Schwestern und stammen von derselben Königin ab. Viele Ameisennester liegen mit Brut- und Vorratskammern unter der Erde. Die Roten Waldameisen errichten darüber einen Hügel aus Tannennadeln und kleinen Zweigen. Ameisenstraßen kann man oft im Wald sehen: Hier sind die Tiere unermüdlich unterwegs, um Nahrung oder Baumaterial zu suchen, zu finden und heimzubringen. Man hat beobachtet, dass Ameisen eines großen Nestes bei uns an einem Tag rund 100000 Insekten erbeuten – darunter zahlreiche Schädlinge wie Borkenkäfer, Rüsselkäfer, Eichenwickler, Kiefernspanner, Nonne und Blattwespe. Sie stehen daher unter strengem Naturschutz.

Ballone (→ S. 14/15) sind mit Gas gefüllte, große und kleine Bälle: der Luftballon vom Jahrmarkt ebenso wie der große runde Heißluftballon, der mit einer werbenden Aufschrift über Stadt und Land dahinschwebt. Gefüllt mit Gas (Wasserstoff, Leuchtgas oder Helium) sind solche Ballone leichter als Luft und können sozusagen von selbst fliegen. Das ist ein großer Vorteil für die Umwelt, weil sie im Unterschied zu Luftschiffen (Zeppelinen) und Flugzeugen keinen Motor als Antrieb haben. Ohne Motor kann man sie allerdings auch nicht absichtlich in bestimmte Richtungen lenken – ohne Wind geht nichts. Doch man kann die Höhe verändern: Indem man Last abwirft, beispielsweise Sandsäcke, wird das Fluggerät leichter und steigt höher. Wenn man hingegen Gas aus der Füllung des Ballons ablässt, wird der Auftrieb geringer, also sinkt der Ballon abwärts. Heute dienen Ballone vor allem zur Wettervorhersage. Dafür tragen sie Messgeräte kilometerweit in die Höhe. Außerdem ist Ballonfahren natürlich ein beliebter Sport und Freizeitspaß!

Bären (→ S. 16)

sehen auf den ersten Blick plump aus, doch der Eindruck täuscht: Sie sind ausdauernde und schnelle Läufer, einige Bären können flink klettern und Eisbären können schnell und sogar minutenlang unter Wasser schwimmen, wobei sie die Nase schließen. Braunbären ernähren sich zwar hauptsächlich von pflanzlicher Nahrung oder Kleintieren, manche Bären – wie der Grizzlybär aus den USA – können aber auch große Säugetiere wie Rinder oder Rehe mühelos erlegen und davonschleppen. Menschen sollten also besonders vorsichtig sein, wenn sie im Land der Bären wandern: am besten mit einem Führer und mit Glocken an den Schuhen, denn Bären mögen keinen Lärm – sie sind scheu und klug.
Wenn der Winter kommt, suchen die Tiere Höhlen auf und halten Winterschlaf, den sie aber immer wieder unterbrechen. Im Unterschied zu den richtigen Winterschläfern sinkt ihre Körpertemperatur in dieser Zeit nur wenig ab. In Europa gibt es heute nur noch wenige wild lebende Braunbären. Die meisten leben in den ausgedehnten Wald- und Bergregionen auf dem Balkan sowie eher einzeln in den Pyrenäen zwischen Frankreich und Spanien sowie in Skandinavien. Auch in Amerika oder Sibirien sind sie zu Hause. Ein einzelner Bär – unter dem Namen „Bruno" ist er bekannt geworden – kam im Jahr 2006 aus den norditalienischen Alpen nach Süddeutschland: Er wurde erschossen.

Bäume (→ S. 18/19)

sind Holzgewächse, die auf der ganzen Erde vorkommen, sogar in trockenen Wüsten und in den eiskalten Polargebieten am Nord- und Südpol. Manche Bäume werden mehr als 100 Meter hoch wie der Sequoia-Baum in Nordamerika, andere, wie Zwergbirken in der kalten Tundra, bleiben klein wie eine Kinderhand. Der Baumstamm wächst entweder ungeteilt empor, wie bei der Tanne, oder er gliedert sich nach einer bestimmten Höhe in Äste und Zweige und bildet eine Krone, wie bei der Kastanie.
Wie alle anderen Pflanzen entwickeln auch Bäume Wurzeln, Blätter, Blüten und Früchte. Die Wurzeln graben sich im Erdboden fest, sodass der Baum nicht vom Wasser weggeschwemmt oder vom Wind weggeweht wird. Die Blüten wachsen zu Früchten heran, die von Tieren oder Menschen gegessen werden können. Die Blätter sind besonders wichtig: Zu ihnen steigt das Wasser vom Boden empor und verdunstet anschließend an ihrer Oberfläche. Außerdem geben die Blätter Sauerstoff ab, den der Baum in seinem Inneren entwickelt. Ohne Sauerstoff könnte kein Lebewesen auf der Erde überleben – kein Mensch, kein Tier und keine Pflanze. Nadelbäume sind Zapfenträger: Sie vermehren sich durch Samen, die in den Zapfen wachsen. Die Haut ihrer spitz geschrumpften Blätter ist hart und dicht: So verdunstet wenig Wasser und diese Bäume können sowohl den Winter als auch trockene Zeiten gut überstehen. Die größeren Blätter der Laubbäume (wie Ahorn oder Linde) verdunsten viel mehr Wasser als die Nadelbäume. Da sie im Winter aber kein Wasser aus dem kalten und trockenen Boden gewinnen können, müsste der Baum sterben, wenn seine Blätter weiterhin Wasser abgeben würden. Daher werfen Laubbäume jedes Jahr im Herbst ihre Blätter ab und bereiten sich so auf den Winter vor: Ohne Blätter braucht der Baum auch kein Wasser. Im Frühling bildet er wieder neue Blätter.

Biber (→ S. 17) sind große Nagetiere, die etwa einen Meter lang und 30 Kilo schwer werden können. Der lange breite Schwanz dient ihnen beim Schwimmen als Ruder, die Vorderpfoten benutzen sie wie wir Menschen als Hände. Mit ihren kräftigen großen Schneidezähnen können sie erstaunlich dicke Bäume fällen. Biber sind Wassertiere und an das Leben am und im Wasser vorzüglich angepasst. Sie können 15 Minuten unter Wasser bleiben und dabei Nase und Ohren verschließen. Das ist wichtig, denn sie arbeiten viel und lange unter Wasser, um ihre „Burg" und die notwendigen Dämme zu bauen. Zunächst errichten sie am Ufer oder auf einer Insel eine Kuppel aus Zweigen, Gras und Schlamm. Die Außenwand wird mit Schlick befestigt. Diese ist nach dem ersten Winterfrost gehärtet und gegen die Witterung und gegen Angriffe geschützt. In der Burg schlafen die Biber, hierher ziehen sie sich bei Gefahr zurück und hier bringen sie im Mai bis Juni ihre 2–8 Jungtiere zur Welt. Damit der Zugang zum Schutz gegen Eindringlinge zuverlässig unter Wasser bleibt, errichten die Biber flussabwärts einen oder mehrere Dämme. Diese bestehen aus bis zu zehn Meter langen Bäumen, die sie zuvor gefällt und herbeigeschleppt haben. Hinzu kommen Steine und Schlick, Holzstücke und dünne junge Bäume, die sie dazwischenflechten. Am Ende entsteht so eine Staumauer, die das ganze Jahr über für einen gleichbleibenden Wasserstand sorgt. Im Herbst fällen die Biber viele Ahorn-, Weiden- und Pappelbäume und schaffen sie als Vorrat für den Winter zu ihrer Burg, denn wenn nichts anderes wächst, müssen sie sich von Baumrinde ernähren.

Bienen (→ S. 51) Die echten Honigbienen leben in Völkern oder Staaten zusammen. Ein Volk besteht aus der Königin, den (männlichen) Drohnen und den Arbeitsbienen. Im Sommer können in einem Staat 40 000–80 000 Bienen zusammenkommen. Die Königin ist erheblich größer als die anderen Bienen und hat die Aufgabe, für das Weiterleben ihres Volkes zu sorgen. Dafür legt sie von März bis September Tag für Tag bis zu 2 000 Eier in die sechseckigen Wabenzellen aus Wachs. Die Drohnen sind Männchen aus unbefruchteten Eiern: Sie arbeiten nicht und werden trotzdem gefüttert, denn auf dem Hochzeitsflug begleiten sie die Königin, die sich mit einem von ihnen paart und danach Eier legen und damit Nachkommen zeugen kann. Danach sind die Drohnen entbehrlich: Sie werden aus dem Stock vertrieben oder getötet. Die Arbeiterinnen sind Weibchen, die aber keine Eier legen können. Sie bilden nach ihrer Anzahl den größten Teil des Volkes und verrichten alle notwendigen Arbeiten. Im Sommer leben sie höchstens sechs Wochen lang, wobei sie die Hälfte der Zeit als Sammlerinnen von Pollen und Nektar unterwegs sind. Für uns Menschen sind Bienen aus zwei Gründen besonders wertvoll und wichtig: Sie sammeln zum einen von Blütenpflanzen Nektar ein, der von Jungbienen durch den Entzug von Wasser in Honig umgewandelt und dann in den Waben gelagert wird. Außerdem tragen die Arbeiterinnen beim Flug von einer Blüte zur anderen an ihrem hinteren Beinpaar in einem Körbchen („Höschen") Pollen mit sich: Damit befruchten sie die Pflanzenblüte und sorgen somit für das Heranwachsen von Früchten.

Brücken (→ S. 24/25) sind von Menschenhand gefertigte, künstliche Wege über Gewässer oder abfallendes Gelände wie Täler oder Schluchten. Die unterschiedlichen Brücken unterscheidet man nach der Form (zum Beispiel Bogenbrücke), nach dem Material (Holz, Beton, Stahl) oder nach der angewendeten Technik: zum Beispiel die an Stahltrossen befestigte Hängebrücke, die allerdings wegen des Gewichts, das sie tragen muss, kaum mehr als 1 500 Meter überspannen kann. Dagegen kennen Brücken, die auf Bogen und Pfeilern errichtet und aneinandergereiht werden, so gut wie keine Grenzen: Die Straßenbrücke oder Brückenstraße, die nach Key West in Florida (USA) führt, ist 120 Kilometer lang, ein Stück am anderen. Schließlich unterscheidet man Brücken nach ihrer Verwendung, wie bei der Fußgängerbrücke oder Eisenbahnbrücke. Übrigens hat dieses Wort auch noch ganz andere Bedeutungen: 1) die (Kommando-) Brücke des Kapitäns auf seinem Schiff als Befehlsstand, 2) der fest eingebaute Zahnersatz im menschlichen Mund, 3) kleiner, länglicher Bodenteppich, 4) Schaltung in der Elektrotechnik.

Burg (→ S. 26/27) Burgen wurden bereits vor mehr als 1 000 Jahren errichtet. Das Wort hängt zusammen mit dem Begriff „bergen", aber auch mit dem Hauptwort „Berg": Es bezeichnet ganz allgemein einen Schutzort. Zunächst bestanden Burgen nur aus einem Turm. Im Keller und zu ebener Erde wurden Nahrungsvorräte gelagert. Im Geschoss darüber gab es einen großen Saal, in dem sich der Burgherr mit seiner Familie, seinen Bediensteten und seinen Gästen aufhielt. Allerdings stand der Tisch des Burgherrn eine Stufe höher, alle anderen saßen tiefer auf langen Bänken an einfachen Tischen. Zur Schlafenszeit stellte man große Wandschirme auf. Nur der Burgherr und seine Frau hatten in einem Stockwerk darüber ein eigenes Schlafgemach. Die Ritterburg des Mittelalters war viel größer und umfasste viele Gebäude mit unterschiedlichen Aufgaben. Selbst die Handwerker wie Schlosser, Schmied, Maurer, Metzger oder Bäcker arbeiteten hier auf der Burg. Die Küchengebäude waren wegen der Brandgefahr meist abseits erbaut. Das Essen kam dann höchstens lauwarm auf den Tisch. Im Taubenschlag wurden die Vögel gehalten, einfach zum Vergnügen, aber auch zum Essen. In Bienenstöcken wurden Bienen angesiedelt und lieferten Honig, in kleineren Kräutergärten wuchsen Heilpflanzen für den Fall von Krankheiten oder als Gewürze zu den Fleischspeisen. Als Wohnsitz des Adels wurde die Burg später abgelöst vom Schloss. Die Festung diente zum militärischen Schutz und die Stadt wurde zum allgemeinen Arbeitsplatz, war Wohnstätte und bot Schutz bei Not und Gefahr. Viele Einzelheiten über das Leben aus der damaligen Zeit enthalten Handschriften, die oftmals reichhaltig und kunstvoll illustriert sind. Die größte Sammlung von Gedichten und Liedern stammt aus dem 14. Jahrhundert. Dank ihrer Bilderfülle konnte der Maler unseres Buches den Rittersaal und die Menschen so genau darstellen.

Container und Schiffe

(→ S. 28/29) Auf dem Wasser fährt der Schiffsverkehr auf Flüssen, Seen, Kanälen und vor allem auf den Meeren. Hier sehen wir neben den eher seltenen Kreuzfahrtschiffen vor allem gewaltige Öltanker und Containerschiffe, die in Behältern von einheitlicher Größe Waren und Inhalte jeglicher Art über die Weltmeere transportieren. Im Hafen werden die Container auf Lastkraftwagen, Güterzüge oder sogar auf Transportflugzeuge umgeladen, damit ihr Inhalt direkt an sein Ziel gelangt.

Echsen (→ S. 72) ist der Sammelname für viele ganz unterschiedliche Kriechtiere: Dazu gehören Schildkröten und Schlangen, Kaimane, Krokodile und viele andere. Das Bild zeigt als Beispiele:
Mississippi-Alligator: Diese Tiere waren bis vor Kurzem ganz besonders gefährdet wegen ihrer begehrten Lederhaut, die zu Taschen, Schuhen, Gürteln und Mänteln teuer verarbeitet wurde. Ein streng überwachtes Jagdverbot sowie der sinkende Verkauf der Lederwaren haben den verbleibenden Tieren bis heute das Leben gerettet.
Komodowaran: Allein sein Aussehen überzeugt, dass und warum er den Echsen zugeordnet ist: Sieht er nicht so ähnlich aus wie eine Eidechse – nur sehr viel größer? Die größte, nämlich die Perl-Eidechse im westlichen Mittelmeergebiet, erreicht höchstens eine Länge von 80 Zentimetern, während ein Waran mehr als drei Meter lang werden kann. Seinen Namen hat er von seinem Lebensraum, der kleinen Komodo-Insel vor Australien.

Eisbären

(→ S. 32) leben in der Arktis rings um den Nordpol. Sie können knapp drei Meter lang und ungefähr 700 Kilo schwer werden. Die Haut unter dem hellen Fell ist nahezu schwarz, damit sie die einstrahlende Sonnenwärme so gut wie möglich aufnehmen können. Wenn der arktische Winter naht, gräbt die Eisbärin eine Höhle in den Schnee. Meist werden im Dezember zwei bis drei Junge geboren: Sie wiegen ungefähr 500 Gramm, sind zunächst blind und fast ohne Haare, wachsen aber in der Höhle, die durch die Körperwärme der Mutter geheizt wird, schnell heran. Sie sind sehr verspielt, rutschen über den Schnee und strampeln im Eiswasser, denn sie können sofort schwimmen. Zwei Jahre lang leben sie zusammen mit ihrer Mutter und lernen von ihr alles, was für ihr Überleben wichtig ist. Männliche Eisbären streifen allein durch das Land. Nur im Frühjahr sucht der Bär nach einer Bärin, um sich mit ihr zu paaren. Danach verlässt er sie und kümmert sich auch später nicht um die Jungen. Der große weiße Polarbär kann nur noch durch internationale Verträge vor dem Aussterben gerettet werden. Zwar soll es heute noch etwa 20 000 Eisbären geben, doch wegen des schönen Fells werden jährlich etwa 1 000 Tiere getötet. Kanada, Norwegen und Russland haben sie unter Schutz gestellt – ob das genügt, ist jedoch fraglich. Denn weil es auf der Erde immer wärmer wird, schmilzt auch das Eisgebiet rings um den Nordpol. Dadurch werden der Lebensraum und das Jagdgebiet der Eisbären immer kleiner. Zum anderen kommt auch der Frühling immer früher, sodass die Tiere weniger Zeit haben, um sich zum Überleben Winterspeck anzufressen.

Eiszeit (→ S. 34/35) nennen wir einen
lang andauernden Abschnitt in der Geschichte, in der weite Gebiete der Erde, vor allem in Nord- und Mitteleuropa, mit Eis bedeckt waren. Eiszeiten, die sich mit Warmzeiten abwechseln, gab es in der Erdgeschichte schon immer. Der Beginn der letzten Eiszeit wird vor rund 600 000 Jahren angenommen. Das Klima war damals durch die geringere Einstrahlung der Sonne sehr viel kälter als heute. Dieses Erdzeitalter hat den Namen Diluvium: Es ist auch der Zeitraum, als der Mensch (und auch der Neandertaler) zum ersten Mal auf der Erde auftritt. Die letzte Eiszeit ging vor rund 10 000 Jahren zu Ende.

Elefanten (→ S. 30) gehören zu den
Rüsseltieren. Sie können etwa 2–5 Tonnen schwer werden. Das ist so schwer wie ein großes Auto. Der Rüssel eines Elefanten fasst etwa acht Liter Wasser, die sich das Tier mit mächtigem Druck ins Maul oder über den Rücken spritzt. Ein Elefant trinkt am Tag etwa 150 Liter Wasser und frisst etwa 600 Kilo Pflanzen. Dafür brauchen die Elefantenherden sehr große Weidegebiete. Die Stoßzähne aus Elfenbein werden 1–3 Meter lang. Wegen dieses wertvollen Materials werden die Tiere gejagt und getötet. Im Jahr 1989 verpflichteten sich viele Staaten, den Handel mit Elfenbein in ihrem Land zu verbieten, doch gilt dies nicht allgemein. Elefanten können ungefähr so alt werden wie wir Menschen.

Energie (→ S. 80/81) Es ist noch nicht
einmal hundert Jahre her, da wurde jede Arbeit im Haushalt, auf dem Bauernhof oder in der Werkstatt mit der Hand gemacht. Heute gibt es dafür Maschinen. Aber auch wenn man dafür nur auf einen Knopf drücken muss: Von alleine arbeiten sie nicht. Sie brauchen ein Antriebsmittel, das Energie liefert. Wir müssen uns nur umschauen: Alles, was in einem Haushalt Strom braucht – Glühbirne, Herd, Staubsauger, Computer, Radio oder Fernsehen – braucht elektrische Energie.
Strom wird aus anderen Formen von Energie (wie Atomkraft, Wind- oder Sonnenenergie) gewonnen. Man kann sie über Stromleitungen gut transportieren, auch über weite Entfernungen. Andererseits kann man Strom schlecht lagern oder speichern. Chemische Energie entsteht, wenn Holz, Kohle, Gas oder Öl in Verbindung mit Luft als Wärme erzeugt wird. Der Ölofen im Keller, der unser Haus wärmt, braucht zum Beispiel Öl zum Verbrennen. Dabei entstehen immer auch schädliche Stoffe, die dann in unsere Luft gelangen und sie verschmutzen. Ähnlich ist es bei einer besonders wichtigen modernen Energie, der Kernenergie: Wenn hier Energie als Wärme erzeugt wird, wird die Umwelt so

gut wie gar nicht belastet. Aber der Schutz vor den radioaktiven, schädlichen Strahlen bei Unfällen im Kernkraftwerk oder die Beseitigung lebensgefährlicher Atomabfälle überall in der Welt sind Probleme, die noch nicht gelöst worden sind. Dabei sind und bleiben diese Reste noch viele Hunderte bis Tausende Jahre lang brandgefährlich.

Erde (→ S. 37, S. 75) Die Erde bewegt sich im Weltall unter unvorstellbar vielen anderen Himmelskörpern. Das Sonnensystem, zu dem die Erde gehört, gehört wiederum zur Milchstraße, einem Spiralnebel mit unzähligen Himmelskörpern. Und auch von diesen Spiralnebeln gibt es im weiten Weltall unzählige. Möglicherweise gibt es irgendwo und irgendwie etwas Ähnliches wie unsere Erde oder uns Menschen – doch bei den unvorstellbar großen Zeiträumen und Entfernungen werden wir niemals etwas davon erfahren. Fest steht: Die Erde ist in unserem Sonnensystem der einzige Planet, von dem wir genau wissen, dass es auf ihm Leben gibt. Die Erde hat dafür die richtige Entfernung zur Sonne: nicht zu nahe, sonst würden wir verbrennen, und nicht zu weit entfernt, sonst würden wir im eiskalten Weltraum tödlich erstarren. Die Erde umkreist die Sonne in rund 365 Tagen, also in einem Jahr. Weil das so ist, können wir Geburtstag, Weihnachten und andere Feste regelmäßig feiern. Als riesige Kugel dreht sich die Erde aber nicht nur um die Sonne, sondern wie ein Kreisel auch um sich selbst. Dadurch entstehen Tag und Nacht, denn in 24 Stunden wird immer nur ein Teil der Erdkugel von der Sonne beschienen, während die Rückseite in dieser Zeit dunkel bleibt. Als die Erde vor rund fünf Milliarden Jahren entstand, war sie ein glühender Feuerball. Sie hat sich bis heute abgekühlt und an der Oberfläche verfestigt, doch ihr Inneres, tief unter uns, besteht noch immer aus einem flüssigen Kern, dessen Hitze wir uns nicht vorstellen können. Nur manchmal bekommen wir eine Ahnung davon: Wenn sich die Erdkruste bei Vulkanen zu einem Spalt öffnet und Magma hinausgeschleudert wird – Gestein, das durch die Hitze flüssig ist und alles verbrennt, was in den Weg kommt. Der größte Teil der Erdoberfläche ist von Wasser bedeckt: den vier Weltmeeren (Atlantischer, Indischer und Pazifischer Ozean sowie Polarmeer). Sie umgeben die sieben Erdteile (Asien, Afrika, Antarktis, Australien, Europa, Nordamerika und Südamerika). Ein Drittel der Landfläche unserer Erde besteht aus Wüstengebieten. Ihren höchsten Punkt erreicht die Erde im Himalaya-Gebirge am Mount Everest mit 8 848 Metern, ihren tiefsten im Meer am Marianengraben mit 11 034 Metern.

Feuerwehr (→ S. 23) Seit Jahrhunderten ist die Feuerwehr bei uns darin geübt, in den Gemeinden und Städten Hausbrände zu löschen sowie die Ursache von Bränden im Voraus zu erkennen und einen Ausbruch zu verhindern. Heute sind neue wichtige Aufgaben hinzugekommen, auch solche zum Schutz der Umwelt. Feuerwehrleute helfen immer dann, wenn bei einem Brand giftige Dämpfe entstehen oder wenn bei einem Straßen- oder Schiffsunfall Öl, Benzin oder andere gefährliche Stoffe austreten und die Gefahr droht, dass diese in den Erdboden eindringen, ins Grundwasser versickern oder sich mit dem Wasser von Bächen, Seen oder Flüssen verbinden. Um dies zu verhindern, muss die Feuerwehr Sperren errichten und die gefährlichen Flüssigkeiten absaugen. Die Feuerwehr wird auch bei schweren Unfällen auf den Straßen gerufen, um zertrümmerte Fahrzeuge aufzuschneiden, die Insassen zu retten und verletzte Menschen zu einer Krankenstation zu bringen. Bei Hochwasser pumpt die Feuerwehr überflutete Keller frei oder sie muss Menschen, die sich in letzter Not auf Dächer und Terrassen geflüchtet haben, mit Schlauchbooten in Sicherheit bringen. Und manchmal kommen die Feuerwehrleute sogar, wenn sich eine Katze in einem hohen Baum verklettert hat und nun um Hilfe schreit.

Flugzeuge (→ S. 38/39) Seit Tausenden von Jahren haben Menschen einen Wunsch: zu fliegen wie die Vögel. Eine sehr alte griechische Sage erzählt von Daidalos und seinem Sohn Ikaros. König Minos hielt sie auf Kreta gefangen, damit der Vater für ihn Erfindungen machte und Kunstwerke schuf. Die beiden wollten unbedingt fliehen: Als Hilfsmittel fertigte der Künstler für sie beide Flügel aus Vogelfedern, die er mit Bienenwachs verklebte. Die Flucht durch die Luft gelang, doch Ikaros war vom Fliegen so begeistert, dass er mit seinen Flügeln höher und höher stieg und damit der Sonne immer näher kam: Da schmolz das Wachs in der Glut der Sonne, der junge Mann stürzte zur Erde und starb.

Ähnlich erging es noch lange Zeit auch anderen flugbegeisterten Erfindern. Erst im Jahr 1783 gelang es den Brüdern Montgolfier, mithilfe eines Ballons den Traum vom Fliegen in einem ersten Schritt zu verwirklichen. Die ersten Fluggäste am 19. September 1783 in Paris waren allerdings nicht Menschen, sondern ein Hahn, eine Ente und ein Schaf. Als Erfinder des ersten Flugzeugs, das sich nicht bloß von Winden irgendwohin treiben ließ, sondern selbst mithilfe eines Motors sowie von Propellern einen eigenen Weg flog, gelten die amerikanischen Brüder Orvil und Wilbur Wright: Sie erreichten am 17. Dezember 1903 nach drei schwächeren Versuchen einen Rekordflug ihres Doppeldeckers „Kitty Hawk": 59 Sekunden lang und 255 Meter weit. Aus einem großen Spielzeug begeisterter Techniker ist das Flugzeug seitdem zu einem ganz neuen und vielseitigen Verkehrsmittel geworden: beim Segelflug und Sportflug und beim Transport als Träger unterschiedlicher Luftfracht – ob nun Autos, Turnierpferde, Paletten mit Bananen oder Reisenden (Passagieren). Das Flugzeug ist ein technisches Meisterwerk, das täglich Hunderttausende von Menschen rasch und sicher von einem Ort zum nächsten bringt. Hinzu kommen die bekannten und die geheimen Militärflugzeuge, weltweit tödlich mit ihren Waffen. Der Hubschrauber ist als Fluggerät besonders vielseitig: Er startet an Ort und Stelle, braucht keine Landebahn und lässt sich vielfältig einsetzen: bei der Bekämpfung von Waldbränden, zum Transport sperriger Güter, für die Straßen zu eng sind, aber auch von Menschen, die nach einem Unfall schnell in eine Klinik gebracht werden müssen. Mithilfe eines Hubschraubers kann man sogar fliehende Herden in der Savanne, einen brennenden Öltanker oder die Wellen eines Seebebens mühelos filmen. Die Entwicklung schreitet weiter, wir können das selbst unmittelbar erleben. Der neue Airbus A380 ist das weltweit größte Passagierflugzeug: Es bringt auf zwei Ebenen bis zu 820 Menschen mit einem Flug über große Entfernungen an ihr Ziel.

Gepard (→ S. 79). Der Gepard ist ein schwarz-gelb geflecktes Raubtier aus der Familie der Katzen, etwa so groß wie ein Puma oder Leopard und ein schneller Jäger. Ägyptische Pharaonen jagten bereits mithilfe von Geparden und der Mogulherrscher Akbar (1542–1605) soll sich Hunderte der eleganten Schnellläufer zur Jagd auf Antilopen und Gazellen gehalten haben. Vor hundert Jahren gab es Geparden noch in ganz Afrika, in Arabien und vor allem in Indien – dort sind die Tiere inzwischen aber ausgestorben. Heute leben nur noch kleine Gruppen dieser Tiere in Ost- und Südafrika sowie in den Gebirgen des Iran in freier Wildbahn oder in Schutzgebieten. Seit Ende 2007 gibt es durch das iranische Umweltministerium in Verbindung mit der internationalen Organisation Wildlife Conservation ernsthafte Bemühungen, bestimmte Schutzgebiete einzurichten und zu überwachen, um die letzten dieser seltenen Tiere zu retten.

Giraffe (→ S. 78) Giraffen werden im Allgemeinen etwa 500 Kilo schwer und in freier Wildbahn acht Jahre alt – im Zoo erreichen einige Tiere sogar ein Alter von 20 Jahren. Wie Hirsch, Kamel und Rind ist die Giraffe ein Paarhufer, also ein Säugetier, bei dem nur die dritte und vierte Zehe voll entwickelt ist. Als Pflanzenfresser ernährt sich das Tier von Blättern und Zweigen, meist von hochgewachsenen Bäumen. Wie viele Pflanzenfresser sind auch Giraffen Wiederkäuer: Ihr Magen besteht aus verschiedenen Teilen, in denen die Nahrung mehrmals nacheinander verdaut wird. In der Natur haben sie wenig Feinde. Gegen große Angreifer verteidigen sie sich mit ihren starken sehnigen Beinen – mit einem solchen Schlag fällen sie sogar einen Löwen. Bei Gefahr gibt der Leitbulle mit dem Schwanz das Zeichen zur Flucht: Dann stürmt die Herde mit weiten Sprüngen davon, mehr als 50 Stundenkilometer schnell. Nachts ruhen die Giraffen mit eingeknickten Beinen, doch der Hals bleibt aufgerichtet, und immer nur für wenige Minuten schlafen sie wirklich tief.

Greifvögel (→ S. 11)

Alle Greifvögel haben hervorragende Augen: Sie sehen viel besser als wir Menschen und erkennen, auch wenn sie sehr hoch fliegen, die kleinen grauen Mäuse, die über das Feld huschen.
Bis vor Kurzem nannte man diese Vögel noch „Raubvögel", weil sie vor allem lebende Beute jagen, sozusagen „rauben" – das klingt, als müsste man sie dafür bestrafen. Dabei tun die Tiere nur, was ihnen angeboren ist: Sie greifen zu, damit sie selbst und ihre Kinder am Leben bleiben. Greifvögel haben einen hakenförmigen Schnabel und lange spitze Krallen, mit denen sie die Beute blitzschnell greifen: daher die neue, neutralere Bezeichnung „Greifvögel".
Zu den Greifvögeln gehören die Geier, die Sekretärvögel, die Habichte und die Falken. Am größten ist der **Kondor**: Er misst mit ausgebreiteten Flügeln mehr als drei Meter.
Es gibt aber auch ganz kleine Greifvögel wie die **Zwergfalken**, die nur ungefähr so groß werden wie ein Sperling (Spatz).
Der **Turmfalke** mit seinem gekrümmten Schnabel, den spitzen Krallen und schlanken Flügeln bleibt auf der Jagd sozusagen fliegend in der Luft stehen: „Rüttelnd" sucht er den Boden nach Beute ab. Der **Wanderfalke** ist ein besonders schneller Flieger; wenn er sich abwärts auf die Beute stürzt, kann er mehr als 300 Stundenkilometer schnell werden, dann durchschneidet er die Luft wie ein Geschoss aus einer Waffe. In unserer Heimat stehen die selten gewordenen Greifvögel unter Naturschutz, sie dürfen nicht gejagt werden.

Grillen und andere Geradflügler

(→ S. 50) haben ungleiche Flügelpaare: Die vorderen werden zum Fliegen gerade weggestreckt, während nur die Hinterflügel bewegt werden. Ihre kauenden Mundwerkzeuge sind stark entwickelt. Bei den meisten Geradflüglern sitzt das Hörorgan am hinteren Beinpaar!
Gottesanbeterinnen sehen mit ihren erhobenen eingeklappten Armen aus wie eine betende Person. So können sie stundenlang unbeweglich auf Beute lauern.
Die **Gespenstheuschrecke** gleicht, ähnlich wie die Stabheuschrecke, verholzten Zweigen.
Die **Maulwurfsgrille** ist groß, stark und gefräßig und daher bei Gärtnern sehr unbeliebt.
Küchenschaben verstecken sich in Ritzen. Sie kommen erst nachts hervor.
Besonders gefürchtet ist die **Wanderheuschrecke**, die vor allem in Afrika in unregelmäßigen Zeiträumen auftritt. Dann wandert sie in Wolken von 9 Kilometer Breite und 30 Kilometer Länge von Ort zu Ort und frisst in wenigen Minuten alles, was sie packen kann.
Der **Ohrwurm** ist ein harmloser Pflanzenfresser. Er kriecht natürlich nicht in unsere Ohren.

Höhlen (→ S. 42/43)

Im Gestein unter der Erdoberfläche gibt es viele kleine und große Hohlräume: Höhlen. An der Meeresküste werden sie durch die unablässigen Wellenbewegungen des Wassers gegraben, das als Brandung auf die Felsküste prallt und dort auf die verschiedenen, unterschiedlich harten Gesteinsschichten trifft. Die Wellen haben außerordentliche Kraft: Ihr Druck kann ganze Felsblöcke abtragen oder abreißen und wenn die Wellen Sand und Kiesel mit sich bringen, fressen sich diese in das Gestein, zerkleinern es und schwemmen es weg. So bildet sich eine Höhle. Im Festland entstehen Höhlen durch Regenwasser, meist in Gebieten aus Kalkstein: Im Regenwasser löst sich das Kohlendioxid unserer Luft und bildet eine schwache Säure, die den Kalkstein auflöst. So sind über viele Jahrtausende überall in der Welt große, verzweigte Höhlen entstanden, oft auch mit unterirdischen Flüssen und Seen. Manchmal dienten kleinere Höhlen unseren Vorfahren als Behausungen. Wenn innerhalb solcher Höhlen kalkreiches Wasser von oben herabtropft und dann verdunstet, bilden sich Tropfsteine. Diese Gebilde wachsen wie kleine Eiszapfen von der Decke herab (Stalaktiten) oder vom Boden als schlanker, spitzer Stab aufwärts (Stalagmiten). Manchmal treffen sich die beiden und vereinigen sich zu einer Kalksäule. Eine Tropfsteinhöhle zu besuchen ist ein schönes Abenteuer, das niemand vergisst.

Hunde
(→ S. 46/47) werden als Haustiere seit etwa 20 000 Jahren vom Menschen gezähmt und gezüchtet. Die mit den Hunden verwandten hundeartigen Landraubtiere sind ausdauernde Läufer in großen Jagdrevieren, die sie auf der Suche nach Beute, also nach Nahrung, durchstreifen. Wenn sie angreifen, sind sie oft mehr als 60 Stundenkilometer schnell. Viele dieser „wilden" Hunde leben und jagen in Rudeln: So können sie auch Beute einkreisen und erlegen, die viel größer ist als sie selbst: Antilopen und Zebras in Afrika, Büffel in Amerika oder Elche im Norden Europas. Die bekanntesten hundeartigen Wildtiere sind der Wolf, der Fuchs, die Hyäne und der Präriewolf (Kojote). Hunde können zwar nicht scharf, aber bei Tag und bei Nacht gleich gut sehen. Viel besser noch können sie hören und ihre Nase, ihr Geruchssinn, ist tausendmal feiner als bei uns Menschen. Anders als Katzen können Hunde ihre Krallen nicht einziehen, weil sie fest in den Pfoten sitzen. Sie schleifen sich beim Laufen ab und wachsen, wie unsere Finger- und Fußnägel, immer wieder nach. Hunde haben außerdem lange, spitze Fangzähne sowie die seitlich angeordneten Reißzähne im Gebiss. Es gilt als sicher, dass Hunde unsere ältesten Haustiere sind. Aus der Steinzeit gibt es Felsmalereien, auf denen Menschen zu sehen sind, die begleitet von Hunden auf die Jagd gehen. An seine wilden Ahnen, die Wölfe, erinnert der Deutsche Schäferhund mit seinen stehenden Ohren, dem schmalen und kräftigen Kopf und dem kräftigen Gebiss. Etwa 400 Hunderassen sind in den Jahrtausenden seither mit sehr unterschiedlichem Aussehen und verschiedenen Fähigkeiten entstanden oder gezüchtet worden: vom Dackel (Teckel) als eigensinnigem Jagdhund, der sogar in den Bau von Fuchs und Dachs eindringt, bis zum Bernhardiner, der früher verirrte Reisende in Schneestürmen am Großen St. Bernhard in den Alpen aufspürte und rettete. Diese großen Hunde können mehr als 80 Kilo schwer werden. Der kleine mexikanische Chihuahua bringt dagegen höchstens ein Kilo auf die Waage. Der Wolf kommt in vielen Märchen vor, am bekanntesten ist Rotkäppchen. Die alten Geschichten von Wölfen, die Babys aufnehmen und großziehen (wie bei Mogli im Dschungelbuch), oder von Wolfsrudeln, die ganze Dörfer überfallen, sind frei erfunden: Der Wolf geht dem Menschen soweit wie möglich aus dem Weg.

Igel
(→ S. 48) Unser bekannter Braunbrustigel lebt in ganz Westeuropa. Trotz seiner kurzen Beine bewegt er sich sehr flink und kann, wenn er will, zu uns Menschen zutraulich sein. Wenn er Nahrung sucht, schnüffelt und schnauft er manchmal laut, und wenn er tagsüber in seinem Nest schläft, kann man ihn vielleicht sogar schnarchen hören. Ein Igel weiß genau, dass er fast alle seine Feinde abschreckt, wenn er sich bei Gefahr blitzschnell zu einer Kugel zusammenrollt und seine spitzen Stacheln aufrichtet. Doch gegen Autos hilft ihm das nicht: Mehr als 10 000 Igel werden jedes Jahr auf den Straßen in der Nacht überfahren. Wenn es kalt wird, hält der Igel Winterschlaf: Er rollt sich in seinem Nest oder unter einem dichten Haufen von Laub und Reisig zusammen und schläft den ganzen Winter lang, 5–6 Monate. Dabei verfällt er in eine Kältestarre:

Seine Körpertemperatur gleicht sich an die Temperatur draußen an und 5–15 Grad unter null machen ihm nichts mehr aus. Andere Säugetiere und auch wir Menschen würden erfrieren. Als Insektenfresser ist der Igel nützlich. Er steht unter Naturschutz.

Insekten

(→ S. 49-51) Fast 800 000 Arten von Insekten sind bis heute beschrieben und benannt worden. Damit bilden sie die artenreichste Tiergruppe auf der Welt. Sie haben sich in 100 Millionen Jahren bis auf den heutigen Stand entwickelt. Dabei nehmen die Forscher an, dass es heute auf der ganzen Welt weit mehr als eine Million verschiedener Insekten gibt: Es bleiben also noch viele Entdeckungen und viel Arbeit für die Wissenschaftler, die sich damit beschäftigen, die Entomologen. Die heute noch unbekannten und unbenannten Insekten werden sie vermutlich in den Savannen und Regenwäldern der tropischen Gebiete suchen und finden. Dagegen darf man in unserer Heimat in Mitteleuropa kaum auf neue Entdeckungen hoffen: Die hier lebenden rund 30 000 Insekten sind alle bekannt.

Der Begriff „Insekt" stammt ursprünglich aus dem Lateinischen und bedeutet „eingeschnitten". Man versteht die Übersetzung, wenn man sich Insekten genauer anschaut: Typisch ist eine deutlich voneinander abgesetzte (Drei-)Teilung des Körpers in Kopf, Brust und Hinterleib. Insekten sind von allen Tieren die Weltmeister im Fliegen. Zielgenau finden Mücken zu verborgenen Körperstellen, die sie treffen wollen, oder fliegen mühelos einen Bogen in der Luft und landen anschließend kopfunter an der Zimmerdecke. Eine Stubenfliege fliegt zehnmal schneller um ein Hindernis herum, als ein Mensch mit dem Auge blinzeln kann.

Jahreszeiten

(→ S. 52/53) Ein Jahr ist die Zeit, in der die Erde einmal die Sonne umkreist. Die vier Jahreszeiten Frühling, Sommer, Herbst und Winter teilen dieses Sonnenjahr – und zwar entsprechend der Stellung der Erde auf ihrer Bahn um die Sonne. Dabei haben an einem bestimmten Punkt auf der Erde (wo wir wohnen zum Beispiel) die Sonnenstrahlen im Sommer mehr, im Winter weniger Kraft, je nachdem, ob sie schräg oder steil auftreffen, also eher sanft oder besonders stark. In den Tropen unterscheidet man nur zwei Jahreszeiten, eine trockene und eine feuchte. Seit einigen Jahren sieht es so aus, als würden sich die Jahreszeiten auf der ganzen Erde verändern. Es steht fest, dass es im Vergleich zu früher bei uns deutlich wärmer geworden ist. Eine der Ursachen dafür sind die Fabriken und Autos, aus denen bestimmte Gase, wie zum Beispiel Kohlendioxid, entweichen und für eine Art Treibhauseffekt auf der Erde sorgen. Andere schädliche Gase wie FCKW (Fluorchlorkohlenwasserstoff) lassen den Schutzgürtel in der Luft rings um die Erde, die Ozonschicht, dünner und kleiner werden. Wenn das passiert, spricht man von einem „Ozonloch".

Kamel

(→ S. 98) ist der Sammelname für eine Familie von Säugetieren: Sie gehören zu den ältesten Haustieren der Menschen und dienten vor allem als Last- und Reittiere in den afrikanischen und asiatischen Wüsten und Steppen. Ihre wild lebenden Vorfahren sind schon vor Jahrhunderten in den Wüsten von Arabien ausgestorben.

Kamele sind genügsam und ausdauernd: Sie können große Hitze, aber auch scharfe Kälte ertragen und länger als jedes andere Säugetier ohne Wasser auskommen. Der Fetthöcker ist ihr Speicher für Nahrung und Wasser.

Das **Dromedar** (Einhöckeriges Kamel) kommt in Vorderasien und Nordafrika vor. Es wird etwa 2,30 Meter hoch und legt schreitend 14 Kilometer, trabend 50 Kilometer in der Stunde zurück.

Das **Trampeltier** (Zweihöckeriges Kamel) wird etwa 2,50 Meter hoch und findet sich in den Steppen von Zentralasien bis nach Südsibirien. Als Haustier wird es auch in Südafrika und Australien gehalten. Sein langhaariges Fell ist etwas dunkler als beim gelbbraunen Dromedar.

Das **Lama** sowie das Guanako, Alpaka und andere Kamele aus den Hochgebirgen von

Südamerika sind nur etwa halb so hoch und haben keine Höcker. Lamas werden neuerdings in Nordamerika auch gern als Haustiere gehalten.

Kathedrale (→ S. 54/55)

nennen wir eine große alte Kirche. Genau genommen wird die Kirche eines Bischofs so genannt, die Wörter „Dom" oder „Münster" meinen bei uns das Gleiche. Die schönsten und weltberühmten Kathedralen wurden im Mittelalter (ca. 500 bis 1500) in Europa errichtet, als eine ungeheure Begeisterung für den Bau dieser Gotteshäuser die Menschen erfasst hatte. Besonders sehenswerte Kathedralen findet man noch heute in Amiens, Bourges, Chartres, Laon, Paris, Reims, Straßburg (alle in Frankreich); in Canterbury, Exeter, London und Salisbury (England); in Burgos, Leon und Toledo (Spanien); in Freiburg, Köln und Ulm (Deutschland).

Katzen (→ S. 56/57)

sind Raubtiere, die sich fast ausschließlich von Fleisch ernähren, indem sie andere Tiere jagen, erlegen und fressen. Außerdem säugen sie ihre Jungen, haben ein behaartes Fell und eine gleichbleibend warme Körpertemperatur – solche Tiere werden in der Klasse der Säugetiere zusammengefasst. Katzen haben am Ansatz der Zunge einen kleinen, hufeisenförmigen Knochen. Bei Großkatzen hat dieses Zungenbein einen dehnbaren Abschnitt, bei Kleinkatzen wie unseren Hauskatzen ist der Knochen durchweg fest. Daher können Großkatzen laut brüllen, aber nur beim Ausatmen schnurren, während die Kleinkatzen zwar nicht richtig laut werden, dafür aber anhaltend schnurren können, beim Einatmen wie auch beim Ausatmen. Drei Sinne sind bei Katzen besonders gut entwickelt: der Gehörsinn, der Sehsinn und der Tastsinn. Der Gehörsinn ist immer wach, das sieht man selbst bei einer schlafenden Katze: Wenn sie ein unbekanntes oder ein bekanntes bedrohliches Geräusch hört, richtet sie sich auf und arbeitet mit ihren tütenförmigen Ohren, um den Schall möglichst genau einzufangen. Katzen haben außerdem scharfe Augen mit senkrechten Sehöffnungen (Pupillen), die sich stark vergrößern oder verengen. Nachts weiten sie sich beinahe zu einem Kreis: So sammeln die Augen alles nur mögliche Licht zum Sehen und Erkennen. Das muss auch so sein, denn Katzen sind vor allem nachts aktiv.

Wenn es stockdunkel ist, sieht auch ein Katzenauge so gut wie nichts, doch das Tier achtet dann auf seine langen, steifen Schnurrhaare an der Oberlippe: Mit ihrer Hilfe fühlt, spürt und vermeidet die Katze Hindernisse auf dem nächtlichen Streifzug nach Beute. Katzen gehören seit mindestens 4000 Jahren zu den Haustieren der Menschen. Die Ägypter in Nordafrika waren es, die dort Falbkatzen zähmten und an das Zusammenleben mit Menschen gewöhnten. Von dort ist diese Hauskatze vor rund 600 Jahren gegen Ende des Mittelalters nach Europa gekommen. Weil Katzen sich den Menschen ungern anpassen und nur als Fressfeinde von Mäusen und Ratten nützlich waren, wurden sie nicht so ausgiebig gezüchtet wie die Hunde. Bis heute sind etwa 100 verschiedene Züchtungen von Katzen anerkannt, unterschieden nach Langhaarkatzen (wie Angorakatze), Kurzhaarkatzen (wie Siamkatze) oder nach Schwanzlosen Katzen wie die Manx-Katze von der englischen Insel Man, die allerdings kaum verbreitet ist. Neben den Hauskatzen finden wir in der Familie der Katzen, die rund 40 verschiedene Arten umfasst, auch die wild lebenden Landraubtiere. Dazu gehören Löwen, Tiger, Leoparden, Jaguare, Panther und auch die Schneeleoparden, von denen es in der freien Wildnis heute vermutlich nur noch wenige Tiere gibt. Alle Großkatzen sind weltweit stark bedroht. Die Jagdgebiete des Tigers, die großen zusammenhängenden Regenwälder, werden weiter abgeholzt oder durch Waldbrand vernichtet. In Indien gibt es heute vermutlich weniger als 5000 frei lebende Tiger, vor hundert Jahren waren es mehr als zehnmal so viele. Noch schlechter sieht es beim Sibirischen Tiger aus, von dem weniger als 500 Tiere in ihrer Heimat in freier Wildbahn leben. Wenn heute in Zoos junge Tiger geboren werden, ist das immer ein Grund zur Freude. Sobald sie zwei

Jahre alt sind, werden sie auf andere zoologische Gärten in Europa verteilt, um das Überleben dieser seltenen Tiere zu ermöglichen, wenn sie in ihrer ursprünglichen Heimat ausgestorben sind.

Korallen (→ S. 66) sind Skelette

bildende Blumentiere. Im Pazifischen Ozean zwischen den Salomoninseln im Norden und dem Kontinent Australien im Süden gibt es zwischen den Korallen eine besonders leuchtende, bunte Welt von Tieren und Pflanzen. Auch wenn Korallen auf den ersten Blick wie Pflanzen aussehen und sich nicht fortbewegen können, handelt es sich bei ihnen um Tiere. Sie ernähren sich von Nährstoffen, die sie aus dem Meerwasser herausfiltern.

Krokodile (→ S. 72) gehören zu

den Reptilien (Kriechtiere), die sich in Millionen Jahren nur wenig verändert haben und von denen heute noch rund 6000 verschiedene Arten bekannt und benannt sind. Sie werden in drei Familien aufgegliedert: Die „echten" **Krokodile**, vom verhältnismäßig kleinen, 1,80 Meter langen Sumpfkrokodil aus den afrikanischen Urwäldern, bis zum riesigen 7–8 Meter langen Leistenkrokodil aus dem Meer vor der Küste Australiens und Neuguineas.
Die **Alligatoren** und Kaimane, von denen der große Mississippi-Alligator wohl am bekanntesten ist.
Die **Gaviale**, von denen bis heute nur der Ganges-Gavial überlebt hat. Im Unterschied zu allen anderen Krokodilen hat er eine schmale, schnabelartige Schnauze, die mit mehr als 100 spitzen Zähnen ausgestattet ist. Alle Krokodile sind ausgezeichnete Schwimmer: Dabei krümmen sie abwechselnd ihre Körperseiten und schlagen kräftig mit dem Schwanz. Die Zehen sind mit Schwimmhäuten verbunden, doch einige Krokodile haben auch mächtige Krallen.

Ohren, Nasenlöcher, die Augenlider, aber auch Herz und Lunge sind an das Leben im Wasser optimal angepasst. Manche Krokodile können sogar mehr als eine Stunde unter Wasser bleiben. Wenn sie sich an der Wasseroberfläche treiben lassen, sind sie von Baumstämmen kaum zu unterscheiden. Sie können auch gut bei Nacht auf die Jagd gehen oder schwimmen, denn die Pupille der Augen vergrößert sich in der Dunkelheit, ähnlich wie bei Katzen oder Schlangen.

Lebensmittel (→ S. 60/61) Während

noch vor hundert Jahren sehr viele Menschen Brot, Wurst und Käse mit eigener Hand herstellten, werden solche Grundnahrungsmittel heute mithilfe von Maschinen in der Regel automatisch produziert.
Vom Korn zum Brot: Für die Bestellung der Felder und bei der Ernte werden heute unterschiedliche Geräte eingesetzt. Traktoren ziehen Saatgeräte und Eggen. Riesige Mähdrescher, die ein einziger Mensch bedient, erledigen in einem Arbeitsgang unterschiedliche Aufgaben wie mähen, dreschen, Stroh schneiden und zu Ballen zusammenpressen. Oft wird das Korn aus dem Getreide (zum Beispiel Weizen, Roggen oder Gerste) zunächst in Silos aufbewahrt, bis es anschließend in den Mahlwerken der Großmühlen zu Mehl zermahlen wird.
In der Großbäckerei werden dann in automatischen Arbeitsgängen Mehl, Wasser, Hefe, Salz, Sauerteig und andere Zutaten miteinander vermengt, geknetet, zum Gären gebracht und dadurch locker. In der Regel erhält der Teig auch noch chemische Zutaten, damit das Brot länger haltbar bleibt oder in besonderen Backstuben fertig gebacken werden kann. Die Backöfen sind große Anlagen, die von einem Steuerpult aus bedient werden. Manchmal kann man den Bäckern auch noch bei der Arbeit zusehen: Wenn sie selbst backen, benutzen sie einen langen Holzschieber, um Brote oder Brötchen aus dem Ofen zu holen. Diese Arbeit erledigen in der Brotfabrik Laufbänder. Nur den Verkauf übernehmen zuletzt wieder Menschen.
Vom Schwein zur Wurst: Würste werden meistens aus Bestandteilen von Schweinen hergestellt. Manche dieser Tiere wachsen

auch heute noch auf einem biologisch geprägten Bauernhof auf, die allermeisten Schweine werden aber in riesigen Anlagen mit Zehntausenden von Tieren auf engem Raum herangezogen. Nach dem Schlachten werden die Tiere zerlegt. Aus grobem oder fein gehacktem Fleisch, aus Fett, Leber, Lunge, Herz, Hirn oder Schwarte stellt der Fleischer (Metzger) anschließend selbst oder maschinell Würste von unterschiedlicher Art her. Manchmal wird die Wurstmasse gekocht, manchmal geräuchert und anschließend in Natur- oder Kunstdärme abgefüllt. Vor und nach der Verarbeitung muss das Fleisch von einer Behörde kontrolliert werden.

Von der Milch zum Käse: Milch enthält Kasein, das Grundmaterial für die Herstellung von Käse. Aus Milch werden all die vielen unterschiedlichen Käsesorten hergestellt, die wir kennen und kaufen. Meistens machen wir unseren Käse aus Kuhmilch, aber auch aus Schafs- oder Ziegenmilch, ja sogar aus Büffel- oder Rentiermilch wird Käse gemacht.

Milchkühe wachsen heute nur noch selten auf Weiden und Wiesen auf. Sie leben in großen Stallungen, auf denen sie wenig Platz und Bewegung haben. Früher mussten die Menschen die Milch vom Euter der Kühe melken, heute machen das Melkmaschinen. Wenn man Lab (aus dem Magen geschlachteter Kälber) zur Milch hinzufügt, gerinnt diese: Sie trennt sich in den festen weißen Quark und die dünnflüssige grüne Molke. Diesem Quark werden bestimmte Pilze und Gewürze beigefügt: Dadurch verwandelt er sich nach einer bestimmten Zeit in Käse. Die meisten Käsesorten werden danach gesalzen, gewürzt, mit Kräutern verfeinert und unterschiedlich lange gelagert. Allein in Europa gibt es mehr als tausend verschiedene Käsesorten – jede schmeckt anders, aber alle sind gesund und gut.

Meer (➜ S. 62-67) Als Meere werden die gewaltigen Wassermassen bezeichnet, die mehr als 70 Prozent der Erde bedecken. In ihnen lebt eine vielseitige Pflanzen- und Tierwelt, vor allem Fische, Weichtiere (Muscheln und Schnecken) und Stachelhäuter wie die Seesterne, aber auch Säugetiere wie Wale und Delfine. Etliche Tiere sind seit Langem, andere erst seit kurzer Zeit ausgestorben; viele Tiere, vor allem in der Tiefsee, sind noch gar nicht entdeckt und beschrieben worden. Die durchschnittliche Tiefe des Meeres liegt zwischen 3 000–4 000 Metern, am tiefsten reicht der Marianengraben im Stillen Ozean: Die Lotung (Tiefenmessung) betrug dort 11 034 Meter, eine Tauchkugel meldete 11 521 Meter. Meerwasser ist salzig: Ein Kilo Wasser enthält etwa 35 Gramm Salz. Es stammt aus dem Gestein der Berge, aus dem es in Millionen Jahren herausgewaschen und ins Meer gespült wurde. Für viele Menschen ist das Meer eine wichtige Nahrungsquelle. Einige Völker wie die Japaner ernähren sich hauptsächlich von Fisch und anderen Meerestieren. Überdies sind die Meere wichtige Handelsstraßen, vor allem für den Transport von Waren und von Erdöl. Allerdings sind die gewaltigen Öltanker auch eine große Gefahr bei Unfällen: Dann können sie ihr gesamtes Öl verlieren und durch die Ölpest enorme Schäden im Wasser und an Land verursachen.

Mond (➜ S. 37, S. 68, S. 75) Der Mond ist ein Begleiter („Trabant") der Erde im Planetensystem und ungefähr 384 000 Kilometer von ihr entfernt – eine Mondrakete braucht für diese Strecke ungefähr vier Tage. Was den Mond gänzlich von der Erde unterscheidet: Er hat keine schützende Lufthülle (Atmosphäre). Dadurch gibt es keinen Ausgleich zwischen klirrender Kälte auf der Nachtseite und glühender Hitze auf der Sonnenseite. Auch gibt es hier kein Wasser und große Brocken und kleine Teilchen aus dem Weltraum stürzen hier ungebremst zu Boden. So entstehen die zahlreichen Krater, von denen die Oberfläche des Mondes übersät ist. Der Mond beeinflusst das alltägliche Leben vieler Menschen, denn er lässt das Wasser der Weltmeere regelmäßig ansteigen und absinken und verursacht damit die Gezeiten Ebbe und Flut. Ob wir bei Vollmond vielleicht unruhiger schlafen oder ob er Hunde scheinbar grundlos bellen lässt – sind andere, bisher nicht beantwortete Fragen. Wir Menschen erleben den Mond als Herrscher der Nacht: Bei Vollmond erscheint er in seiner ganzen Größe, dann wird er von Tag zu Tag kleiner und bei Neumond verschwindet er ganz – und kommt anschließend Tag für Tag und Stück um Stück zurück. Dabei leuchtet der Mond nicht selbst, sondern wird von der Sonne beschienen. So kommt es, dass bestimmte Teile des Mondes im Verlauf des Monats an bestimmten Tagen immer wieder anders beleuchtet werden, weil sich Sonne, Mond und Erde regelmäßig bewegen – doch der Mond ist und bleibt natürlich immer der Gleiche. „Ein kleiner Schritt für einen Menschen, aber ein gewaltiger Sprung für die Menschheit" – das waren die ersten Worte des amerikanischen Astronauten Neil Armstrong, als er im Juli 1969 den Boden des Mondes betrat. Für dieses erste und bislang einmalige Weltraumunternehmen arbeiteten acht Jahre lang unzählige amerikanische Wissenschaftler, in der schwierigsten Zeit waren es 400 000 Menschen. Heute gehört die Erforschung des Weltraums durch bemannte, vor allem aber durch unbemannte Raumflugkörper zu den Aufgaben und Zielen der modernen Technik und Wissenschaft der ganzen Welt. Im Jahr 1994 forschte der Deutsche Ulf Merbold in der russischen Raumstation MIR an wissenschaftlichen Experimenten und am 22. Dezember 2006 kehrte Thomas Reiter nach einem Aufenthalt von fünf Monaten in der internationalen Raumstation ISF, an der sich 16 Staaten beteiligt hatten, erfolgreich und wohlbehalten auf die Erde zurück. Von Mai bis November 2014 war der Deutsche Alexander Gerst auf der ISS, wo er einen 6 Stunden und 13 Minuten dauernden Außeneinsatz leistete.

Muscheln (→ S. 67) sind
Weichtiere, die im Süßwasser der Flüsse und im Salzwasser der Meeresküsten leben. Vermutlich gibt es rund 25 000 verschiedene Arten. Ihr Körper hat keinen Kopf und ist an beiden Seiten von einer harten Schale eingeschlossen. Die beiden Hälften an dieser Schale werden an den gezahnten Rändern dicht verschlossen. Wenn die Muschel weiterkriechen will, streckt sie den Fuß an der Bauchseite hinaus. Viele Muscheln leben am Strand, wo sie sich in den Sand eingraben oder in Torf, Holz oder Gestein hineinbohren. Manche Meeresmuscheln wie die Auster sind essbar und werden im flachen Wasser gezüchtet, andere bringen die schillernden, matt glänzenden Perlen in ihrem Inneren hervor. Im Unterschied zu den Muscheln besteht das Schneckenhaus, das zusammen mit den Tieren selbst wächst, nur aus einem einzigen Teil: aus Kalk, den die Schnecken selbst herstellen.

Nashörner (→ S. 31) sind mit den
Pferden verwandt. Sie werden knapp zwei Meter hoch, fünf Meter lang und bis zu drei Tonnen schwer. Ihre Haut hat fast keine Haare. Sie sehen nicht gut, aber sie können gut hören und riechen.
Das größte aller Nashörner ist das Breitmaulnashorn. Das Spitzmaulnashorn hat eine spitze Oberlippe, mit der es das Laub von Büschen und Bäumen gut greifen kann. Beide Arten haben zwei Hörner, die etwa 1,50 Meter lang werden können. Diese Hörner sind leider ein Grund dafür, dass die Tiere inzwischen fast ausgestorben sind, denn um sie zu gewinnen und zu verkaufen, wurden bis heute Tausende von Nashörnern getötet.

Natur in Gefahr (→ S. 40/41, S. 72,
S. 76/77) In den Millionen Jahren seit dem Anfang unserer Erde hat die Natur viele Veränderungen erfahren und überstanden. Neu ist, dass die Menschen heute selbst als wesentliche Verursacher des Klimas auftreten. Weltweit gelangen durch Autoabgase und Fabriken große Mengen an Kohlendioxid in unsere Atmosphäre, die dazu beitragen, dass sich unsere Erde immer weiter erwärmt. Besonders deutlich wird dies am Nord- und Südpol, wo das Eis immer weiter schmilzt. Aber auch in den Alpen, in den Pyrenäen und in Skandinavien schmelzen Eis und Schnee. Ein anderes großes Problem ist die zunehmende Zerstörung der Ozonschicht, also der

Zerstörungen kosten viel mehr, als der Gewinn aus dem Verkauf der alten Wälder einbrachte.

Rinder (→ S. 44/45, S. 60/61) sind meist große, schwere und behäbige Wiederkäuer. Fast alle haben – egal, ob männlich oder weiblich – am Kopf stattliche Hörner, eine breite Schnauze mit einer nackten Nase und glattes Fell. Fast alle Rinderrassen stammen vom Ur ab, auch Auerochse genannt. Der letzte bekannte Auerochse starb im Jahr 1627 in Polen. Unser einheimisches Hausrind ist der Stier, auch Ochse oder Bulle genannt. Das Jungtier heißt Kalb, und zwar Stierkalb oder Kuhkalb, denn das weibliche Rind wird Kuh genannt.
Rinder haben meist starke, aufwärts und nach außen gebogene Hörner sowie einen Schwanz mit Quaste. Das Fell der Hausrinder kann einfarbig sein, es kommt aber auch gescheckt in verschiedenen Farben vor: Schwarz, Grau, Braun, sogar Rot oder Gelb. Heute lebende Wildrinder sind die Antilopen in Afrika und Asien, das Gnu in Afrika, die Gämse, die im europäischen Mittel- und Hochgebirge lebt, und der Bison (Indianerbüffel) in Nordamerika.

Savanne (→ S. 78/79) ist eine Landschaft, die sich an den tropischen Regenwald anschließt und zu den Wüsten überleitet. Die größten Savannengebiete sind in Afrika, aber auch in Südamerika und Australien. Kennzeichnend für solche Gebiete ist der schroffe Wechsel zwischen Trockenzeiten und Regenzeiten. Die Bäume haben sich daran angepasst: Manche haben lederartige Blätter, andere (wie der afrikanische Affenbrotbaum) speichern in den stark verdickten Stämmen viel Wasser. Im Übrigen sind Gräser die meistverbreiteten Pflanzen der Savanne. Das Elefantengras wächst in der Regenzeit bis zu einer Größe von sieben Metern.

Singvögel
(→ S. 88) gehören zu den Sperlingsvögeln. Manchen Singvögeln ist ihr Lied angeboren und sie singen es immer wieder, andere lernen im Lauf ihres Lebens dazu und singen jedes Jahr eine neue Melodie, vielleicht sogar eine noch schönere. Entsprechend ihrer Ernährung werden sie unterschieden in Insektenfresser (wie die Meise) oder in Allesfresser (wie die Krähenvögel).

Sonne (→ S. 75) Die Sonne ist der Mittelpunkt des Sonnensystems: Acht vergleichsweise kleine Planeten umkreisen sie. Seit etwa fünf Milliarden Jahren schleudert sie als riesengroße glühende Gaskugel unablässig große Mengen von Energie in den Weltraum. Obwohl sie 150 Millionen Kilometer von der Erde entfernt ist, können ihre Strahlen unsere Haut verbrennen: Das Ergebnis ist der Sonnenbrand.
Wärme, Licht und alle Energie, über die wir auf der Erde verfügen, kommen unmittelbar oder auf Umwegen von der Sonne. An ihrer Oberfläche herrscht eine Temperatur von 6 000 Grad Celsius, nach innen nimmt die Hitze immer mehr zu: Im Innersten soll sie bis zu 20 Millionen Grad betragen.
Im Weltall, zu dem unser Sonnensystem gehört, gibt es noch unzählige andere Geschwister zu der Milchstraße, in der sich unser Sonnensystem befindet. Diese werden auch Spiralnebel oder (in Anlehnung an das griechische Wort für Milchstraße) Galaxien genannt und sind Ansammlungen von Milliarden einzelner Sterne. Sie alle bewegen sich in jedem Augenblick – also auch jetzt – mit rasender Geschwindigkeit auseinander: Das Weltall dehnt sich aus. Dass das Leben auf der Erde von der Sonne abhängt, ahnten die Menschen schon seit den ältesten Zeiten. Die Sonne war daher vielen Völkern als Gottheit heilig.

Sternbilder (→ S. 69) Mit freiem Auge sind von der ganzen Erde aus ungefähr 5 000 Sterne am Nachthimmel zu sehen. Damit man bestimmte Sterne beim Beobachten leichter wiederfinden konnte, haben die Himmelskundigen bereits vor Jahrtausenden solche Sterne vor ihrem eigenen inneren

Auge miteinander verbunden und sich dabei bestimmte Bilder und Figuren vorgestellt – daher kommt es, dass viele Sternbilder die Namen von alten griechischen Sagengestalten tragen.

Sie gehören also nur in unserer Vorstellung zusammen, tatsächlich sind die einzelnen Sterne solcher Sternbilder oft Hunderte von Lichtjahren voneinander entfernt. Es ist nur ein Zufall, dass diese unendlich fernen Himmelskörper sich so und nicht anders anordnen. Von einem anderen Stern aus – nicht von der Erde – würden andere vorgestellte Figuren am Himmel zu sehen sein.

Tsunami (→ S. 84/85)

Dieses japanische Wort bezeichnet riesige Meeresflutwellen, vor allem im Indischen Ozean und Pazifik, die als Folge eines Seebebens entstehen. Das Wort hat sich uns seit dem 26. Dezember 2004 eingeprägt: Da bebte die Erde am Meeresgrund vor der indonesischen Insel Sumatra und löste damit eine gewaltige Meereswoge aus. Sie raste mit einer Geschwindigkeit von 700 Stundenkilometern nach Osten und Westen und verursachte in Indonesien und Thailand, aber auch an der afrikanischen Küste eine unvorstellbare Katastrophe: Menschen starben, weite Strandgebiete wurden verwüstet. Zwölf Staaten wurden an ihrer Küste von der Flutwelle erfasst. Fast 250 000 Menschen, die dort lebten oder gerade Urlaub machten, riss die Flutwelle in den Tod.

Diese Meereswelle löste aber auch eine Welle von Hilfe aus: Bei keinem anderen Anlass haben so viele Menschen in Deutschland so viel Geld für so viele andere Menschen in Not gespendet.

Versteinerungen

(→ S. 86/87) Fossilien sind versteinerte Überreste von Tieren und Pflanzen der Vorzeit. Ihnen verdanken wir wichtige Erkenntnisse über die Entwicklung des Lebens auf der Erde, und zwar in einem Zeitraum über Millionen Jahre hinweg.

Auch Fußabdrücke wurden in Stein abgebildet – besonders, wenn sie in feuchten Ton oder in Sand gesetzt und zufällig zugedeckt wurden. Doch solche Abdrücke sind selten und heiß begehrt, weil sie Fachleuten Auskunft geben über die Größe, das Gewicht und vielleicht auch über die Lebensweise der Tiere, die sich dort verewigt haben.

Vögel (→ S. 88/89, S. 100/101)

Die Luft ist der Lebensraum der Vögel. Luft ist sehr leicht, also müssen Vögel besonders leicht sein. Das gelingt vor allem durch ihr Federkleid: Leichter geht's nicht! Außerdem erzeugt es mit seinen vielen Lufträumen sehr starken Wärmeschutz. Um weiter Gewicht zu sparen, sind die Röhrenknochen der Vögel ohne Mark. Sie haben keine Zähne (diese Aufgabe übernehmen Kropf, Vormagen und Magen) – auch das spart Gewicht.

Die Brustmuskulatur der Vögel ist wichtig als eine Art Motor beim Fliegen. Weil die Bluttemperatur der Vögel höher ist, wird ihr Stoffwechsel beschleunigt und die aufgenommene Nahrung rasch verarbeitet. Sie belastet den Körper daher nur kurze Zeit. Übrigens gibt es auch Vögel, die nicht fliegen können, beispielsweise die Pinguine und die Strauße. Sie haben ihr Leben auf das Eis oder auf den Erdboden ausgerichtet und kommen damit gut zurecht.

Vorzeit (→ S. 90-93)

Unsere Erde ist sehr alt: Sie entstand vor etwa fünf Milliarden Jahren – ein Zeitraum, den sich niemand vorstellen kann. Wir wissen vom Anfang ihrer Entstehung sehr wenig, von der späteren Entwicklung zunehmend mehr.

Unendlich lange Zeit gab es auf der Erde kein Leben. Die ersten Lebewesen waren einfach und winzig, ähnlich den heute bekannten Bakterien, die man nur unter einem Mikroskop erkennen und betrachten kann. Danach besiedelten allerlei Algen das Wasser, bis dann im Paläozoikum die ersten wirbellose Tiere entstanden wie Quallen, Schwämme, Seeigel, Krebse oder Panzerfische – ihre weit entfernten Abkömmlinge finden sich noch heute in den Weltmeeren.

Es folgte das Karbon, in dem die Pflanzen und Tiere das feste Land erreichten: Farngewächse bildeten hohe Bäume und es entstanden ausgedehnte Moor- und Sumpfwälder, in denen die Lurche als erste Landwirbeltiere heimisch wurden, dazu Libellen und andere Insekten. In der nachfolgenden Zeit waren anfangs Kriechtiere stark vertreten und an die Stelle der Farne traten Wälder aus Nadelhölzern.

Die Trias-, Jura- und Kreidezeit war schließlich geprägt von den gewaltigen Dinosauriern. 150 Millionen Jahre lang beherrschen sie die Tierwelt, bis sie am Ende der Kreidezeit überraschend und gänzlich ausstarben. Möglicherweise waren sie nicht fähig, sich an die Lebensbedingungen einer schlagartig veränderten Umwelt anzupassen – vielleicht nach dem Auftreffen eines großen Meteoriten auf der Erde.

Nach dem Ende der Kreidezeit traten dann ganz neue Tiere und Pflanzen auf: die warmblütigen Säugetiere sowie die Blütenpflanzen, die wir auch heute noch auf der Erde finden.

Vulkan (→ S. 71)

Ein Vulkan entsteht als Öffnung in der Oberfläche der Erde: Durch eine Art Kamin wird von unten her Gas, vor allem aber flüssiges Gestein, das Magma, aus dem Erdinneren emporgetragen und kommt zuletzt zum Ausbruch.

Ein erschreckendes Beispiel liegt erst kurze Zeit (der Erdgeschichte) zurück: Am 27. August 1883 explodierte die Vulkaninsel Krakatau vor der Küste von Indonesien nach einem Vulkanausbruch. Asche und Gestein wurden weit emporgeschleudert, zwei Drittel der Insel versanken im Meer und lösten damit einen verheerenden Tsunami aus.

Die Flutwelle war doppelt so hoch wie die im Dezember 2004. Sie überrollte die Küsten von Java und Sumatra, mehr als 36 000 Menschen starben.

Die Explosion war so laut, dass man sie noch im 2 000 Kilometer entfernten Australien hören konnte, im Roten Meer regnete es Asche und über Europa konnte man ungewöhnlich farbenprächtige Sonnenuntergänge beobachten – ohne deren Ursache zu kennen.

Nach der Tsunami-Katastrophe von 2004 wird das Warnsystem vor Erdbeben zu Land und zu Wasser weltweit ausgebaut.

Heute sind auf der Erde ungefähr 500 Vulkane aktiv, die meisten liegen rings um den Pazifischen Ozean. In Europa sind derzeit nur wenige Vulkane aktiv, darunter in Italien der Ätna und der Vesuv und in Island der Eyjafjallajökull.

Wald (→ S. 76/77, S. 94/95)

Als es am Ende der letzten Eiszeit langsam wärmer wurde und sich das Eis in den hohen Norden zurückzog, breiteten sich in Europa überall allmählich Wälder aus – nur die Tundra und die höchsten Berge blieben kahl und ohne Bäume. Wälder sind auf der ganzen Welt verbreitet, und zwar dort, wo es genug Wasser gibt.

Heute bedecken sie noch etwa ein Viertel der Erdoberfläche, früher war ein Gebiet wie Mitteleuropa fast völlig von undurchdringlichen Wäldern bedeckt – doch gab es damals dort auch fast keine Menschen. Seit 5 000 Jahren haben die Menschen nach und nach die meisten urwüchsigen Wälder abgeholzt. Man kann sich kaum vorstellen, dass Länder wie Italien oder Spanien früher von ausgedehnten Wäldern bedeckt waren. An die Stelle der Wälder traten Felder, Ackerbau und Viehzucht.

Wälder zeigen sich als eine Landschaft, die durch locker oder dicht zusammenstehende, meist hohe Bäume geprägt wird. Zusammen mit anderen Pflanzen und mit Tieren bilden sie eine Lebensgemeinschaft: von den höchsten Wipfeln mit den Vögeln bis zu den tiefen Wurzelräumen, wo Ameisen in unterirdischen Staaten leben.

Dazu gehören auch Sträucher, Gräser oder Pilze, bekannte Waldtiere wie Hirsch oder Reh, Fuchs oder Wildschwein, Kuckuck, Eule oder Maus.

Heute unterscheidet man vor allem drei unterschiedliche Arten von Wäldern:

Winterharte Nadelwälder: Sie bestehen aus Kiefern, Tannen und Fichten, die ihre dünnen Blätter das ganze Jahr über behalten. Dichte Zapfen mit Nadeln schützen die Samen. Diese Nadelwälder wachsen vor allem im äußersten Norden von Europa, Asien und Amerika.

Gemäßigte breitblättrige Wälder: Sie wachsen in wärmeren Gebieten und sind gemischt aus Laubbäumen, die im Herbst und Winter ihre Blätter verlieren wie Buchen,

Eichen, Ulmen, Platanen, Ahornbäume und Birken, bei uns mischen sich Kiefern und Fichten darunter. Sie alle bilden gemeinsam ein Dach, unter dem eine niedrige, den Boden bedeckende Staudenschicht wächst.
Regenwälder, auch Dschungel genannt: Sie gedeihen in Weltgegenden, in denen es sehr warm ist und stetig regnet.
Alle Wälder sind unverzichtbar für das Leben auf der Erde. In ihrem Wurzelwerk speichern sie überschüssiges Regenwasser und geben es ab, wenn es benötigt wird: Damit regeln sie den Wasserhaushalt. Mit ihren Blättern und Nadeln wirken sie außerdem wie riesige Filter und reinigen so die Luft von Schadstoffen. Auch das Holz der Bäume ist ein wichtiger Rohstoff, beispielsweise für den Bau von Möbeln oder für das Papier dieses Buches.

Wale
(→ S. 64/65, S. 72) sind Säugetiere, die sich an das Leben auf dem Meer und unter Wasser vollkommen angepasst haben. Als Schutz vor der Kälte haben sie unter ihrer Haut eine dicke Schutzschicht aus Fett. Deshalb, aber auch wegen anderer Körperteile, wurden und werden sie immer noch gejagt und getötet – heute nicht nur aus Fangschiffen, sondern sogar mit Flugzeugen und Granaten.
Zum Schutz vor dem Aussterben dieser faszinierenden Tiere gibt es seit Jahrzehnten internationale Abkommen über einen Stopp des Walfangs, doch werden diese von Fangnationen wie Island, Japan und Norwegen missachtet: Sie fangen trotzdem weiter Wale.
Wale sind gewaltige Tiere, doch gegenüber modernen Schiffen von heute klein: Wenn beide zusammenstoßen – und das ist nicht selten –, führt auch dies oft zum Tod der Tiere. Doch es gibt auch Fortschritte: In der Straße von Gibraltar, der Meerenge zwischen dem Atlantik und dem Mittelmeer, wurde zugunsten der dort lebenden Wale ein Tempolimit für Fährschiffe festgesetzt: Zwischen Tanger in Afrika und Gibraltar an der europäischen Küste dürfen sie nur noch 13 Knoten (etwa 25 Stundenkilometer) schnell fahren: Hier können die Wale einem Zusammenstoß ausweichen.
Wir unterscheiden zwei Hauptgruppen von Walen: Bartenwale und Zahnwale. Sie leben vor allem in den großen nördlichen Meeren der Erde.
Blauwal: Nicht einmal im Zeitalter der riesigen Dinosaurier gab es Lebewesen, die in Länge, Größe und Gewicht an die Bartenwale herangekommen wären, und schon gar nicht an den Blauwal, der heute lebt. Er kann bis zu 35 Meter lang und 200 Tonnen schwer werden. Sein Maul ist eine tiefe Höhle, in der allein die Zunge so schwer sein kann wie ein ganzer Elefant. Das Herz ist so groß wie ein Kleinwagen und wiegt ungefähr eine Tonne. Dieses größte Tier der Welt ernährt sich von den ganz kleinen: von Plankton, darunter den Krillkrebsen, die im Nordpolarmeer in dichten Wolken unter der Oberfläche des Wassers dahintreiben, ganz dicht aneinander, und von denen jeder Einzelne höchstens so groß wie eine Hand breit ist. Bartenwale wie der Blauwal sammeln sie mühelos in ihren Schlund: Seine Barten – viele lange, schmale Hornstreifen, die im Oberkiefer dieser Tiere hängen – wirken wie ein Sieb, in dem die Nahrungsteilchen, die das Tier mit dem Wasser einsaugt, hängen bleiben.
Untereinander verständigen sich die Tiere mit vielen verschiedenen Lautsignalen, denn trotz ihrer Größe und Stärke sind diese Tiere gutmütig und gesellig. Heute sind Blauwale sehr selten geworden. In den weiten Weltmeeren gibt es nur noch wenige Tausend dieser Tiere: möglicherweise zu wenig, um das Überleben der Art zu sichern.
Buckelwal: Der Buckelwal wird etwa halb so lang (15 Meter) wie der Blauwal und lebt vor allem im Meer der gemäßigten Klimagebiete, oft auch in der Nähe der Küste. Die Tiere können unter Wasser etwa 1 000 verschiedene hörbare Signale abgeben und damit ihren Artgenossen über weite Strecken hinweg Mitteilungen geben: über drohende Jäger, über mögliche Beute oder über gefährliche Hindernisse. Manche Forscher meinen sogar,

dass Buckelwale geradezu singen, um weit entfernte Kühe anzulocken und sich dann mit ihnen zu paaren.

Delfine: Diese Tiere haben spitze Zähne – bei einigen sind es mehr als 250 –, mit denen sie ihre Beute, wie Robben oder Fische, packen. Sie leben überwiegend gesellig. Man hat schon Schwärme von mehr als 1 000 Tieren beobachtet. Doch auch Delfine sind in Gefahr, in die kilometerlangen Netze von Hochseefischern zu geraten und darin zu verenden. Auch verschmutzte Gewässer und gezielte Jagd setzen den Delfinen immer mehr zu, sodass die Gefahr besteht, dass sie bald aus den Weltmeeren verschwinden. Um davor zu warnen, war das Jahr 2007 von den Vereinten Nationen zum „Jahr des Delfins" erklärt worden.

Grönlandwal: Dieser Glattwal wird bis zu 25 Meter lang und vor allem wegen seiner Barten gejagt: Diese verästelten Hornplatten wachsen in seinem Maul bis zu einer Länge von vier Metern. Dieses große Meerestier wurde in den letzten Jahrzehnten nur noch sehr selten beobachtet und ist heute fast ausgestorben.

Narwal: Dieser Zahnwal wird auch Einhornwal genannt: Er hat einen 1–3 Meter langen Schneidezahn, der schraubenförmig gedreht ist. Das Tier lebt im Polarmeer und frisst am liebsten Seegurken, nackte Weichtiere und Fische.

Pottwal: Dieser Zahnwal trägt im Unterkiefer seines großen kastenförmigen Kopfes zahlreiche spitze Zähne. Er kann von allen Walen am besten tauchen: bis zu 2 500 Meter tief und mehr als eine Stunde lang – dabei sucht er vor allem Tintenfische als Nahrung. Pottwale leben in allen Meeren, nur im Polarmeer nicht: Dort ist es ihnen zu kalt. Ein Pottwalbaby ist bei der Geburt schon vier Meter lang und etwa eine Tonne schwer. Wie alle Walkinder beginnt es unmittelbar nach der Geburt an der Seite seiner Mutter zu schwimmen und lebt etwa zwei Jahre lang nur von Muttermilch.

Zwergwal: Diese Wale werden bis zu zehn Meter lang. Sie gehören zu den Bartenwalen und sind damit eng verwandt mit dem Blauwal, der dreimal so lang wird. Das Überleben der Zwergwale ist durch Überfischung stark bedroht. Hinzu kommt, dass viele dieser seltenen Tiere in den ausgeworfenen, kilometerlangen Schleppnetzen von Fangschiffen verenden, die sich nicht an internationale Vereinbarungen halten.

Walrosse (➜ S. 33)

leben im Eismeer rund um den Nordpol. Ihre Jungen kommen im Sommer zwischen Eis und Schnee zur Welt.
Ein Baby kann vom ersten Tag an schwimmen. Wenn die Mutter schnell schwimmt oder nach Futter taucht, „reitet" es auf ihren Schultern mit. Ein männliches Tier kann 4,5 Meter lang und 1,5 Tonnen schwer werden und so frisst es am Tag rund 50 Kilo Fische, Seetang, Muscheln und Weichtiere. Diese spüren sie mit ihrem Schnauzbart aus steifen Borsten am Meeresboden auf. Auf der Suche nach Nahrung tauchen sie bis zu 100 Meter tief und durchpflügen mit ihren großen Zähnen den Untergrund.

Wasser (➜ S. 96/97)

Mehr als zwei Drittel der Erde tragen Wasser, ein Zehntel trägt Eis, und nur der Rest ist festes, bewohntes und mit Pflanzen bedecktes Land. Alles Leben auf der Erde kommt aus dem Wasser und Menschen, Tiere und Pflanzen sind alle auf Wasser angewiesen, damit sie überleben, wachsen und gedeihen können. So kann ein Mensch höchstens fünf Tage ohne Flüssigkeit auskommen, andernfalls stirbt er.
Wir Europäer müssen nur den Wasserhahn aufdrehen, schon sprudelt Leitungswasser. Es gibt aber Millionen von Menschen auf der Erde, die sich in einer Zeit der Dürre oder anderer Naturkatastrophen nicht regelmäßig mit Wasser versorgen können.
Unsere Wasserwerke werden mit Grund- oder Quellwasser gespeist, oft beziehen sie ihr Wasser auch aus Seen oder aus aufgestauten Talsperren: Es wird gereinigt und gefiltert und mit chemischen Zusätzen keimfrei gemacht, denn verdorbenes Wasser führte in früheren Zeiten oft zu Seuchen mit vielen Todesopfern.

Wasservögel (→ S. 89) haben sich an das Leben an Flüssen und Seen, an der Küste und vor allem am und auf dem Meer angepasst. Sie leben vom Fischfang sowie von Tang und Algen, von Krebsen, Muscheln, Wasserpflanzen und Insekten. Sie sind meist vorzügliche Fischer und können gut tauchen, wie die Kormorane. Die **Wasseramsel** kann dank ihrer kräftigen Zehen sogar unter strömendem Wasser gegen den Druck angehen und Nahrung suchen. Die meisten Wasservögel sind an der Unterseite weiß: So können sie von Fischen nicht so leicht entdeckt werden. Junge Wasservögel, zum Beispiel Enten, schwimmen nach dem Schlüpfen sofort los und legen dann auch größere Entfernungen zurück. Sie sind völlig unempfindlich gegen Regen, weil die Nässe an ihnen abperlt. Erstaunlicherweise vertragen auch alle Meeresvögel das salzige Meerwasser zum Trinken.

Wolken (→ S. 96/97) sind Ansammlungen von feinen kleinen Wassertropfen, Nebelspuren oder Eiskristallen in der Luft. Sie sind nicht beständig, sondern entstehen und vergehen immer und immer wieder. Wolken zeigen oder bestimmen das vergangene oder das kommende Wetter: Im Sturm sehen wir tiefe Wolken über uns hinwegziehen, bei gutem Wetter verharren Wolken in einer Höhe von 10 000 Metern scheinbar am selben Platz. Tatsächlich reisen sie mit einer Geschwindigkeit von 100 Stundenkilometern und mehr weiter. Es gibt aber auch Wolken aus der Asche von Vulkanen oder aus gelblichem Wüstensand.
Cumuluswolken sind Zeichen für anhaltend gutes Wetter: Kleine Haufenwolken segeln im Sommer wie Baumwollflocken über den blauen Himmel. Sie bilden sich, wenn die Luft am Boden durch die Sonne erwärmt wird, aufsteigt und sich dabei wieder abkühlt. Aus dem unsichtbaren Wasserdampf entstehen dann helle Wolken. Wenn sie sich kräftig entwickeln, sehen sie manchmal aus wie Blumenkohlköpfe. Mit durchschnittlich 10 Gramm Wasser pro Kubikmeter sind sie die Wolken mit dem größten Wasservorrat, der sich meist in kürzeren Schauern ausregnet.
Altocumuluswolken sind meist lang gezogen und bestehen aus einem Gemisch von Eiskristallen und Wassertröpfchen. Sie schweben in einer Höhe von 2 000–5 000 Metern sehr langsam über der Erde. Es gibt kaum Wind und das Wetter bleibt erst einmal, wie es ist.
Cirruswolken (Federwolken) segeln in einer Höhe von 6 000–10 000 Metern über die Erde. Sie bestehen nur aus Eiskristallen. Wenn sie den Himmel überziehen, muss man damit rechnen, dass es 20–40 Stunden später Niederschläge geben wird, und zwar Regen oder Schnee je nach Jahreszeit.
Cumulonimbus ist der Riese unter den Haufenwolken. Er steigt besonders hoch und löst sich dann auf. Doch er kann auch beim Aufstieg eine Wolke bleiben: Dann verwandelt er sich in ein großes, dunkles Wolkengebilde aus winzigen Eissplittern. Es entstehen elektrische Spannungen, Hitzegewitter zucken über den Himmel und entladen sich im Klatschregen, der oft von überraschenden kalten Windböen begleitet wird.

Wüste (→ S. 98/99) Wüstengebiete gibt es auf allen Erdteilen, ausgenommen Europa. Sie bedecken ungefähr ein Siebtel des Landes auf der Erde. Die größten Wüsten der Welt sind die Sahara in Afrika, die Gobi in Zentralasien und die Atacama in Nordchile mit ausgedehnten Salzgebieten, wo es seit einigen Hundert Jahren nicht mehr geregnet hat.
Wüsten sind besonders lebensfeindlich durch die hohen Temperaturen an der Oberfläche – manchmal 60 Grad Celsius –, das Fehlen von Wasser oder weil das Gebiet von Eis und Schnee bedeckt ist wie in der Antarktis. Am Tag sieht die Landschaft hier öde aus. Das Leben verbirgt sich im Schatten oder unter der Erde und kommt erst nachts zum Vorschein. Dann staunt man über das reiche Tierleben: von

Mistkäfern, die Nistmaterial suchen, bis zu Wüstenfüchsen, die Eidechsen auflauern.

Zugvögel und Tierwanderungen (→ S. 100/101) Am Ende des Sommers sehen wir bei einer Wanderung manchmal Scharen von Vögeln, die sich in der Luft, auf Bäumen oder Stromleitungen versammeln. Oft sehen und hören wir dabei Schwalben. Sie sind Zugvögel und versammeln sich, um den Winter im Süden zu verbringen, wo es warm ist. Man nimmt an, dass jedes Jahr nur etwa die Hälfte der Zugvögel ihre lange, anstrengende Reise überlebt.

Die **Küstenseeschwalbe** bewältigt die größte Strecke. Ihre Brutheimat liegt am nördlichen Polarkreis. Um zu überwintern, fliegt sie nach Süden bis über die Küsten Südafrikas hinaus eine Strecke von mehr als 40 000 Kilometern – das entspricht dem Umfang der Erde!

Der bekannteste Zugvogel unserer Heimat ist der **Weiße Storch**. Er bewohnt in der warmen Jahreszeit Gebiete in Europa und im westlichen Asien, den Winter verbringt er in Afrika.

Dann hören wir auch im Wald den **Kuckuck** nicht mehr rufen, denn er fliegt ebenso wie die **Nachtigall** nach Afrika, um dort zu überwintern.

Tierwanderungen gibt es aber auch an Land und im Wasser. Sehr erstaunlich ist das Leben der **Lachse**. Die Mutter legt ihre Eier in Bergflüssen ab. Dort schlüpfen die Jungen und ziehen den Fluss hinab zum Meer. Im Ozean, vor allem in seinen nördlichen Bereichen, lebt der Lachs von seinem zweiten bis fünften Lebensjahr. Dann schwimmt er, geleitet von seinem Geruchssinn, über Tausende von Kilometern hinweg zurück zu dem ganz bestimmten Fluss und dem ganz bestimmten Platz, wo er das Ei verließ und zur Welt kam.

Auch Säugetiere wandern zwischen Sommer und Winter. Das **Karibu**, das amerikanische Ren, zieht auf Suche nach Nahrung gegen Ende des arktischen Sommers nach Süden. Von den Eskimos werden die Herden bereits erwartet, denn ohne die Jagd auf diese Tiere müssten sie verhungern.